＼これならわかる／

# スッキリ図解
# 自立支援介護

自立支援特化型デイサービス
ポラリス代表取締役
森 剛士 著

SE
SHOEISHA

# はじめに

2024年4月13日に日本を離れて約2か月、今私は日本から1・8万マイルほど離れて、イギリスからアイスランド経由でニューヨークに向かう北大西洋上で大海原を眺めながら7・7万トンの客船Pacific World号(PEACE BOAT)のカフェでこの原稿を書いている。乗船の目的は当社の自立支援型介護サービスを要介護高齢者の方々に提供するためである。

今から約23年前、外科医の卵だった私はその職を辞めて介護の世界に飛び込んだ。きっかけは祖母が脳梗塞になったことだ。かろうじて命は助かったものの重篤な後遺症が残り、家族の言葉がけにも反応を示すことはほぼなかった。そのことがあってリハビリテーション医へと転身し現在に至るが、今となっては祖母がわずかな命をつないで私を介護の道に導いてくれたとしか考えられない。

2021(令和3)年度の日本の要介護・要支援高齢者は約690万人。病気だけで要介護状態になっている人はいないので、病気の周りを大なり小なり廃用が覆っている。そしてその廃用は介護職だけでとり去ることができることがわかっている。しかし、今の介護は介護保険という制度のもと、お世話型介護によって要介護高齢者からできることを奪っているようにしか私には見えない。ひそかに「介護原性サルコペニア」と呼んでいるゆえんである。本当は寝たきりや車いすの状態から歩けるようになることがわかっていても、それをしないばかりか、どんどん寝たきりの高齢者をつくっている現状に歯痒い気持ちになっているのは、私だけではないだろう。

一方の医療は、要介護高齢者の生活を見ようとしているようには思えない。入院中に処方していた眠剤や下剤を退院時でもやめないことが多く、胃ろうの問題も今だ解決してはいない。子どもたちや孫たちの世代に、少しでもいい世界を残してやりたいと強く思うが、我が国の医療や介護はどこへ向かっていくのだろうか。

自立支援介護は、私の師匠である竹内孝仁先生が科学的なエビデンスに基づいて開発した要介護高齢者を元気にする手法である。日本のみならず世界の介護に対して社会的インパクトを出すことができ、高齢者福祉や介護における唯一といっても過言ではないくらい体系化された介護実技であり、ソリューションである。それにもかかわらず、残念ながら介護業界ですら正しく認識されていないし、アウトカムにこだわり覚悟を決めて実践する介護経営者は私が知る限りほぼいない。本書をきっかけに、質の高い自立支援に取り組もうという同志が1人でも増えることを切に願ってやまない。個人の力だけではできることは限られているが、皆で力を合わせれば解決できない社会問題はないと信じている。

最後に私が尊敬してやまない経営学者 田坂広志氏の言葉を記してペンをおくこととする。

人は、必ず死ぬ
人生は、一度しかない
人は、いつ死ぬかわからない
命を使うと書いて「使命」
その命、何に使われますか？

出典：「あすか会議２０１８」田坂広志氏セッションより筆者抜粋

２０２４年６月　森 剛士

## 第3章 介護の専門性を考える

## 第6章 2024（令和6）年度介護報酬改定は、自立支援・重度化防止の土台固め

# 第1章

# 介護サービスは「自立支援・重度化防止」へと大きく転換している

# 1 自立支援・重度化防止への大改革が進む

お世話型介護から自立支援・重度化防止へ。今、介護の質が問われています。

## 介護におけるパラダイムシフト

超高齢社会を迎えて、社会保障費が増大する一方で生産年齢の人口減少が深刻化しています。

2016(平成28)年、第2回未来投資会議において当時の安倍内閣総理大臣は「介護でもパラダイムシフトを起こす。自立支援に軸足を置く」と宣言しました。「これまでの介護は、目の前の高齢者ができないことをお世話することが中心でしたが、これからは高齢者が自分でできるようになることを助ける自立支援に軸足を置きます。本人が望む限り、介護はいらない状態までの回復をできるかぎり目指す」と述べられました。さらに翌年の第7回未来投資会議では、「効果のある自立支援の取り組みが報酬上評価される仕組みを確立させる」と決意を表明。介護の目指すべき方向性が、自立支援・重度化防止へと大きく転換しました。まさにパラダイムシフトが起きたのです。

## 本当の意味で介護の質が問われる

「お世話型介護」の問題の1つに過剰な介助(過介助)があります。身の回りのことができなくなった要介護高齢者にかわって介護者が何でも介助してしまうと、本人ができていたことさえできなくなってしまいます。つまり高齢者の残存能力を奪うことになります。

また、介護度が重度化すれば多くの介護サービスが必要になり、その分介護報酬も上がります。このことが介護費増大の一因にもなっているともいわれています。

そこで安倍総理の宣言後、政府の方向性は自立支援・重度化防止をコンセプトに「科学的介護」へと大きく舵を切り、持続可能な社会保障を目指しています。介護保険が始まって以来の大改革が進められているのです。

介護は本当の意味での質が問われる時代へと突入しています。時流に乗り遅れないためには、介護事業者は自立支援という新しいサービスの導入に本気で取り組む必要があるといえます。

## 自立支援は、介護保険制度創設時の基本的な考え方にすでに含まれている

**高齢者の介護を社会全体で支え合う仕組み（介護保険）を創設**
**1997年 介護保険法成立、2000年 介護保険法施行**

**【基本的な考え方】**

- 自立支援・・・・・・単に介護を要する高齢者の身の回りの世話をするということを超えて、高齢者の自立を支援することを理念とする。
- 利用者本位・・・・・利用者の選択により、多様な主体から保健医療サービス、福祉サービスを総合的に受けられる制度
- 社会保険方式・・・ 給付と負担の関係が明確な社会保険方式を採用

出典：厚生労働省「介護保険制度の概要」（令和３年５月）（https://www.mhlw.go.jp/content/000801559.pdf）

## 自立支援に向けたインセンティブの検討について

**平成29年4月14日未来投資会議における安倍総理大臣発言（抜粋）**

老化は避けられませんが、日々の努力で介護状態になることを予防できます。いったん介護が必要になっても、本人が望む限りリハビリを行うことで改善できます。（略）そして、効果のある自立支援の取組が報酬上評価される仕組みを確立させます。

**未来投資戦略2017（平成29年6月9日閣議決定）（抜粋）**

介護：科学的介護の導入による「自立支援の促進」
（残された課題）
・介護予防や、要介護状態からの悪化を防止・改善させるための先進的な取組が一部に広まっているものの、国として目指すべき形として、自立支援等の効果が科学的に裏付けられた介護を具体的に示すには至っておらず、また、要介護度が改善すると報酬が減ることもあり、自立支援に向けたインセンティブの充実等を求める声がある。
（主な取組）
・次期介護報酬改定において、効果のある自立支援について評価を行う

**経済財政運営と改革の基本方針2017（平成29年6月9日閣議決定）（抜粋）**

自立支援に向けた介護サービス事業者に対するインセンティブ付与のためのアウトカム等に応じた介護報酬のメリハリ付け（中略）について、関係審議会等において具体的内容を検討し、2018年度（平成30年度）介護報酬改定で対応する。

介護のあり方は、科学的介護に大きく軸足を移した

**科学的介護**
**=**
**科学的裏付け（エビデンス）に基づく介護**

**① エビデンスに基づいた介護の実践**

**② 科学的に妥当性のある指標等を現場から収集、蓄積し、分析すること**

**③ 分析の成果を現場にフィードバックすることで、更なる科学的介護を推進**

出典：厚生労働省「介護サービスの質の評価・自立支援に向けた事業者へのインセンティブ（参考資料）」（平成29年８月23日）（https://www.mhlw.go.jp/file/05-Shingikai-12601000-Seisakutoukatsukan-Sanjikanshitsu_Shakaihoshoutantou/0000175116.pdf）、厚生労働省「介護情報の利活用の検討について」（令和４年９月12日）（https://www.mhlw.go.jp/content/12301000/001004527.pdf）を基に著者作成

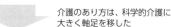

# 2 LIFE運用で、介護保険は新たなステージへ

質のよい介護に向けて、LIFEの利活用が強力に推し進められています。

## 科学的介護とは何か

医療分野においてはすでに、科学的根拠（エビデンス）に基づいた考えが定着していますが、経験や勘に頼る部分が大きかった介護分野においても、ようやく科学的根拠に基づく科学的介護が始まりました。このことにより、介護従事者の経験やスキルに左右されることなく質のよいケアを提供できます。また客観的な事実に基づいた根拠や情報があれば、要介護高齢者の自立に向けて効果的な介護が行えます。

介護の現場には介護計画や介護記録など、ご利用者さま（以下、利用者）の状態を記録した膨大なデータが集まっています。

そこで国は科学的介護に必要なデータの収集・分析を目的に2017（平成29）年度よりVISITを、2020（令和2）年度よりCHASEの運用を開始しました。2つを統合する形で2021（令和3）年度から運用を開始したのが、LIFEです。

2021（令和3）年度の介護報酬改定においては、LIFEの活用等が要件に含まれる加算が設けられ、介護施設・事業所からのデータの収集とLIFEシステムのフィードバック機能等を活用したPDCAサイクルの推進に向けた取り組みが、現在でも強力に進められています。

LIFEの運用は利用者にも大きなメリットがあります。客観的なデータを活用したほうが利用者の状態の変化や、ケアの効果などを、利用者やご家族さま（以下、家族）に対して説明しやすいものです。

LIFEの運用により利用者は全国どこでも質の高い介護サービスを受けられるようになります。また、LIFEのデータは自分に合った介護施設や事業所を選ぶ際に、1つの目安にもなります。これからの介護業界は、質の高い介護を提供して利用者が元気になり、その結果として介護度が改善し、社会保障制度が担保されるかどうかということに、かかっているのです。

## LIFEを活用した取り組みイメージ

介護事業所においては、介護の質向上に向けてLIFEを活用したPDCAサイクルを推進する。LIFEで収集したデータも活用し、介護報酬制度を含めた施策の立案や介護DXの取組、アウトカム評価につながるエビデンス創出に向けたLIFEデータの研究利活用を推進する。

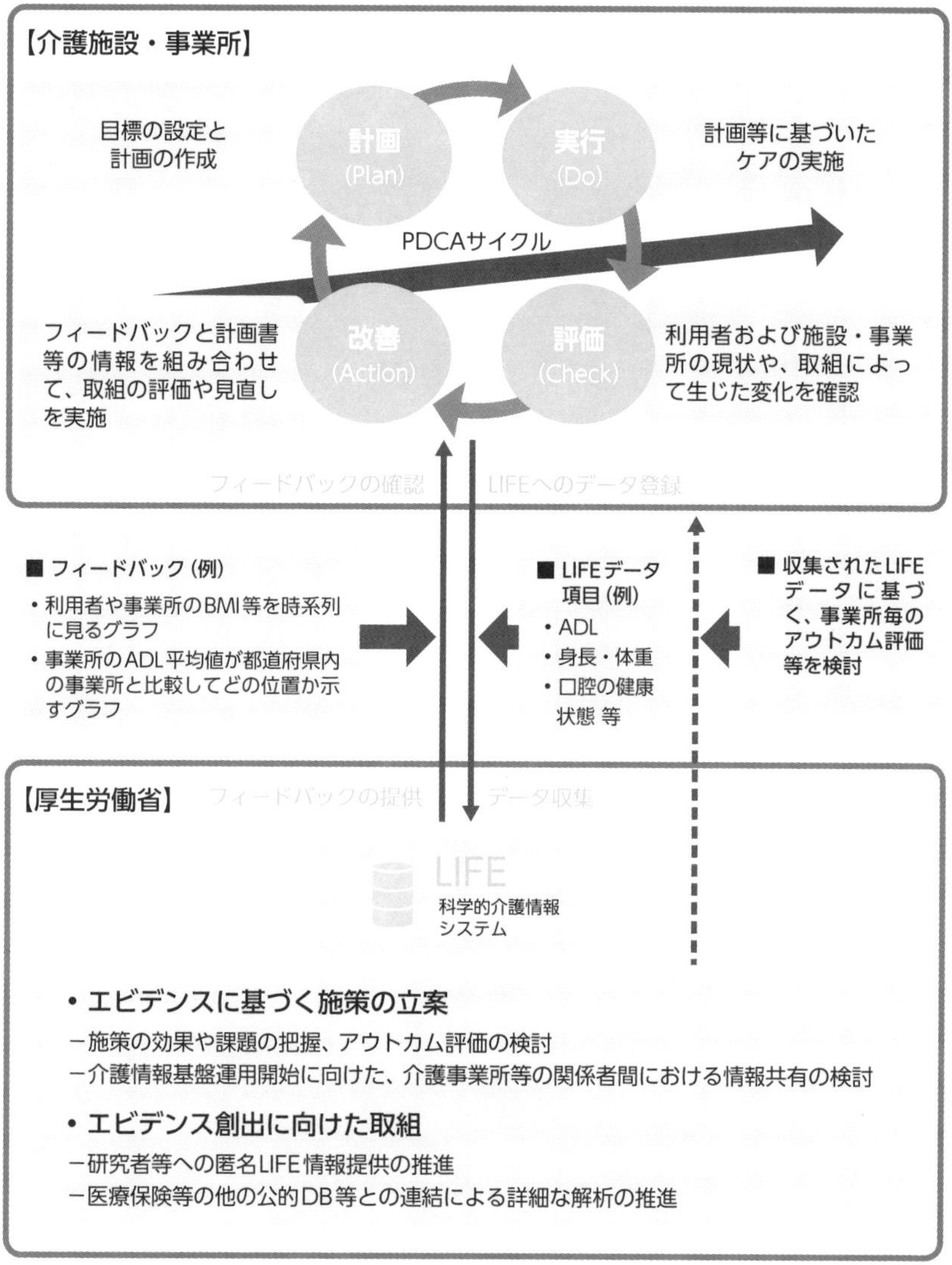


出典：厚生労働省「令和6年度介護報酬改定における改定事項について」
（https://www.mhlw.go.jp/content/12300000/001213182.pdf）

# 3 改定ごとに拡充される、アウトカム評価

介護報酬はアウトカム重視へ。介護のステージは大きく変わってきています。

## 介護保険始まって以来の大改革

2006(平成18)年度の介護報酬改定ではじめて、事業所評価加算からアウトカム評価の視点が導入されました。以来、移行支援加算、ADL維持等加算など、改定のたびにアウトカム評価の導入が拡充されてきました。

特に大きな動きがあったのが、2021(令和3)年度の介護報酬改定でした。特別養護老人ホーム(以下、特養)、介護老人保健施設(以下、老健)などを対象に褥瘡マネジメント加算、排せつ支援加算などアウトカム評価の拡充が行われ、中でも大きな話題となったのが、ADL維持等加算の算定です。加算単位が約10倍に引き上げられて、要件内容も緩和されたのです。

加算単位がこれだけ大きく引き上げられたことに、介護業界からは驚きの声が上がりました。国がいかにアウトカムに期待をかけているのかがわかります。これまでのお世話型介護から、自立支援・重度化防止へと介護の世界が大きな転換を迎えようとする極めて画期的な出来事でした。

## アウトカム評価の強化

2021(令和3)年度の改正では、自立支援・重度化防止を推進する科学的介護がスタートしました。介護事業者は、LIFEへ情報提供をした介護施設や事業所に対して行う科学的介護推進体制加算をはじめとした、各種加算が得られるようになりました。データやエビデンスに基づく科学的介護へと本格的に舵を切ったのです。

2024(令和6)年度の介護報酬改定では、ADL維持等加算の見直しが行われ、ADL維持等加算(Ⅱ)の算定要件である「ADL利得が2以上」が「ADL利得が3以上」へとなりました。ADL利得の計算方法も簡素化されています。

介護業界全体が自立支援に大きく転換しようとしている中、介護経営者(層)は時代の流れに対してどう迅速に対応していくかが問われています。

## 2024（令和6）年度 自立支援介護に関する加算の一覧

### ①個別機能訓練加算

個別機能訓練加算は、機能訓練指導員を配置の上、利用者ごとに個別機能訓練加算計画書を作成し、その計画に基づいた訓練を提供することで算定できる加算。令和６年度の介護報酬改定では人員配置要件の緩和及び評価の見直しが行われた

### ②一体的サービス提供加算（旧運動器機能向上加算）

介護予防通所リハビリテーションにおける身体機能評価の推進と、報酬体系の簡素化を行う観点から、令和６年度の介護報酬改定で運動器機能向上加算が廃止。基本報酬への包括化として一体的サービス提供加算が新設された

旧運動機能向上加算の基本報酬への包括化（予防のみ）

| 改定前 | → | 改定後 |
|---|---|---|
| 運動器機能向上加算 225 単位／月 | | **廃止**（基本報酬で評価） |
| 選択的サービス複数実施加算Ⅰ<br>480 単位 | | **廃止**（栄養改善加算、口腔機能向上加算で評価） |
| 選択的サービス複数実施加算Ⅱ<br>700 単位 | | **<新設>**<br>一体的サービス提供加算　480 単位／月 |

＜一体的サービス提供加算　算定要件＞

・栄養改善サービス及び口腔機能向上サービスを実施
・介護予防通所リハビリテーションの提供を受けた日において、利用者に対し栄養改善サービスまたは口腔機能向上サービスのうちいずれかを行う日を１月につき２回以上設ける
・栄養改善加算、口腔機能向上加算を算定していない

### ③栄養改善加算

介護事業所において低栄養状態またはそのおそれがある利用者に対して状態を改善する取り組みを評価する加算

### ④口腔機能向上加算Ⅰ・Ⅱ

口腔機能の低下が認められる状態または口腔機能が低下するおそれがある利用者に対して、口腔機能改善の取り組みを評価する加算

## LIFE関連加算

### ⑤科学的介護推進体制加算（LIFE加算）

LIFEへのデータ提出とフィードバックの活用により、PDCAサイクルの推進とケアの質の向上を図る取り組みを評価する加算。令和６年度の改定では、入力負担軽減する観点から、LIFEへのデータ提出頻度等が見直された

### ⑥個別機能訓練加算Ⅱ

LIFEへの情報提出が要件となる個別機能訓練加算

### ⑦ADL維持等加算Ⅰ・Ⅱ

日常生活動作（ADL）を評価する取り組みを推進するための加算。ADL維持等加算Ⅱは ADL維持等加算の一定の要件を満たし、評価対象者のADL利得の平均値が３以上であることなどが算定要件。ADL維持等加算Ⅰ及びⅡの要件はLIFE上で判定する

参考資料：厚生労働省「令和６年度介護報酬改定における改定事項について」
（https://www.mhlw.go.jp/content/12300000/001213182.pdf）

# 4 頑張った事業所が報われるインセンティブ制度

要介護度改善を評価するインセンティブ制度を導入する自治体は、加速度的に増えていきます。

## 介護保険制度のジレンマ

現行の介護保険制度では利用者の介護度が高ければ高いほど、介護報酬が高くなる仕組みです。そのため、質の高い自立支援で利用者の介護度が下がると介護報酬が減るというジレンマがあります。

しかし自立支援・重度化防止の推進のため、2021（令和3）年度の介護報酬改定では加算内容が見直され、対象施設の拡充や単位数も大きく修正されました。また、今はまだ自治体によってインセンティブ交付金の運用はまちまちですが、東京都が2023（令和5）年度から開始したのをきっかけに、今後は加速度的に導入する自治体が増えていきそうです。

利用者の介護度が改善してデイサービスを卒業すれば、一時的に収益が減ったとしても「あのデイに通ったら元気になった」という評判は確実に高まります。利用者が同じ介護保険を使うのなら、結果が出る事業所に行こうと思うのは当然のことです。

## デイサービスは卒業するところ

デイサービスの本来の姿に目を向けて、考えてみることも大切です。

元国際医療福祉大学大学院教授の竹内孝仁先生は、介護保険法が制定される以前の1996年（平成8）に刊行された著書『TAKEUCHI実践ケア学 通所ケア学』（医歯薬出版刊、154ページ、現在絶版）の中で次のように述べられています。

「デイサービスセンターは何を行なうべきかが問われなければならない。答えはただ1つ、この施設の本来的機能の基本を『社会参加』におくべきこと、そしてそれを達成するには『通過施設』と明確に性格づけておくべきである。別ないいかたをすれば『収容型の通所施設』であってはならないことになる」

筆者は20年ほど前にこの本を読み深く感動しました。「デイサービスは通過施設」これこそがデイサービスの本来のあり方ではないでしょうか。

## 要介護度改善やADL維持に対する インセンティブ（報奨）制度を導入している主な自治体

※制度名、対象サービス、主な内容は2024（令和6）年度に基づく

<table>
<tr><th rowspan="2">自治体名</th><th>制度名</th><th>開始年度</th><th>対象サービス</th></tr>
<tr><th colspan="3">主な内容</th></tr>
<tr><td rowspan="2">東京都</td><td>要介護度等<br>改善促進事業</td><td>2023年度</td><td>通所介護、地域密着型通所介護、認知症対応型通所介護、地域密着型特定施設入居者生活介護、地域密着型介護老人福祉施設、特定施設入居者生活介護、介護老人福祉施設</td></tr>
<tr><td colspan="3">ADL維持等加算を算定している施設・事業所に基礎分として20万円、要介護度の維持・改善が客観的に認められる場合には加算分としてさらに10万円（維持）、または20万円（改善）を加えて支給する</td></tr>
<tr><td rowspan="2">品川区</td><td>要介護度改善ケア<br>奨励事業</td><td>2013年度</td><td>品川区施設サービス向上研究会に参加する社会福祉法人等が運営する高齢者施設</td></tr>
<tr><td colspan="3">要介護度が改善した段階の区分に応じて、1か月につき次の報奨金を交付する<br>・要介護度1段階改善2万円<br>・要介護度2段階改善4万円<br>・要介護度3段階改善6万円<br>・要介護度4段階改善8万円</td></tr>
<tr><td rowspan="2">川崎市</td><td>健幸福寿プロジェクト</td><td>2016年度</td><td>すべての介護保険サービス</td></tr>
<tr><td colspan="3">居宅介護支援事業所を中心に、多職種連携による相乗効果によって質の高いサービスの提供を行い、一定の成果を上げた事業所（チーム）に、事業所1か所当たり報奨金5万円程度、市長表彰他のインセンティブを付与する</td></tr>
<tr><td rowspan="2">浦安市</td><td>要介護改善<br>ケア奨励事業補助金</td><td>2016年度</td><td>通所介護、入所介護施設</td></tr>
<tr><td colspan="3">高齢者施設で入所者の要介護度を改善した場合、2万円の奨励金を交付する</td></tr>
</table>

## 》》》 要介護度改善やADL維持に対する インセンティブ（報奨）制度を導入している主な自治体 《《《

※制度名、対象サービス、主な内容は2024（令和6）年度に基づく

<table>
<tr><th rowspan="2">自治体名</th><th>制度名</th><th>開始年度</th><th>対象サービス</th></tr>
<tr><th colspan="3">主な内容</th></tr>
<tr><td rowspan="2">静岡市</td><td>要介護度改善評価事業</td><td>2019年度</td><td>すべての介護保険サービス<br>※一部対象にならないサービスがある</td></tr>
<tr><td colspan="3">要介護度の改善につながる創意工夫のある効果的な取り組みを行った介護事業所を表彰する<br>・最優秀賞10万円<br>・優秀賞5万円<br>・優良賞3万円<br>・奨励賞1万円<br>※静岡市は2023年度の情報。2024年度の実施は2024年6月現在未定</td></tr>
<tr><td rowspan="2">浜松市</td><td>要介護度改善評価事業</td><td>2018年度</td><td>すべての介護保険サービス</td></tr>
<tr><td colspan="3">過去2年以内に「被保険者要介護度が改善した事例」「介護度は改善していないが状態が改善している事例」「悪化が見込まれる利用者について、状態維持ができた優秀な事例」を評価し奨励金を交付する<br>・最優秀賞20万円<br>・優秀賞10万円<br>・優良賞5万円</td></tr>
<tr><td rowspan="2">名古屋市</td><td>介護予防・<br>日常生活支援総合事業</td><td>2016年度</td><td>ミニデイ型通所介護、運動型通所介護</td></tr>
<tr><td colspan="3">利用者の機能が約6か月以内に改善した場合、利用者1人につき「50単位×利用月数」（上限300単位）の介護予防改善加算を算定する</td></tr>
</table>

## 要介護度改善やADL維持に対するインセンティブ（報奨）制度を導入している主な自治体

※制度名、対象サービス、主な内容は2024（令和6）年度に基づく

<table>
<tr><th rowspan="2">自治体名</th><th>制度名</th><th>開始年度</th><th>対象サービス</th></tr>
<tr><th colspan="3">主な内容</th></tr>
<tr><td rowspan="2">川西市</td><td>介護度改善<br>インセンティブ事業</td><td>2022年度</td><td>通所介護、地域密着型通所介護</td></tr>
<tr><td colspan="3">評価期間内に行われたバーセルインデックスによるADL値の測定結果に基づき、以下の報奨金を付与する<br>・主として身体機能の向上を目的としたサービスを提供した事業所：1位50万円、2位30万円、3位10万円、これ以外に改善割合が50%を超えた事業所に5万円<br>・食事、入浴、機能訓練、レクリエーションなどのサービスを総合的に提供した事業所：1位30万円、2位10万円、3位5万円。これ以外に改善割合が50%を超えた事業所に3万円</td></tr>
<tr><td rowspan="2">岡山市</td><td>①デイサービス<br>取り組み表彰事業<br>②訪問介護<br>インセンティブ事業</td><td>①2014年度<br>②2019年度</td><td>①通所介護<br>②訪問介護</td></tr>
<tr><td colspan="3">①5つの指標で利用者の維持・改善度合いを評価し報奨金を交付（1位30万円、2位20万円、3位～10万円）<br>②専門職との同行訪問を含む3つの指標で改善度合いが高かった上位10事業所に奨励金10万円</td></tr>
<tr><td rowspan="2">福岡市</td><td>ふくおか元気向上チャレンジ（在宅高齢者の要介護状態改善事業）</td><td>2022年度</td><td>在宅系の介護保険サービス</td></tr>
<tr><td colspan="3">要介護度やADL等の改善・維持を行ったチーム（利用者と介護事業所）の取り組み結果に応じて1チームにつき10万円</td></tr>
</table>

# 5 要介護高齢者の自立の課題と、自立支援介護

自立介護支援でまず押さえておきたいのが「要介護高齢者の自立の課題」とＩＣＦの視点です。

## 要介護高齢者の自立とは何か

筆者が師と仰ぐ竹内孝仁先生は、自立支援介護をはじめて提唱し、介護の特に自立支援の部分を科学的根拠に基づいて体系立ててまとめた人です。

竹内先生は著書『新版　介護基礎学─高齢者自立支援の理論と実践』(医歯薬出版刊、２ページ）の中で、自立支援介護を次のように定められています。

「自立支援介護とは，その人の『身体的』『精神的』かつ『社会的』自立を達成し改善また維持するよう，介護という方法によって支援していくことをいう」

さらに同書では、「要介護高齢者の目指すべき自立の実践上の課題は『身体的自立』である」と述べられていますが、要介護高齢者の多くは、老化や病気などによって「身体的な自立」を失った状態です。

世界保健機関（ＷＨＯ）は健康について「肉体的、精神的及び社会的に完全に良好な状態であり、単に疾病または病弱の存在しないことではない」と定義しています。

健康は身体的、精神的、社会的など多面的に捉える必要があるということです。

要介護高齢者の自立の観点で見れば、身体的な自立を失った影響は、精神的、社会的な自立にも波及し、逆に身体的な自立ができていれば精神的、社会的な自立も可能になるといえます。

## ＩＣＦの正しい理解が必要

ＷＨＯが採択した健康の要素に関する分類法にＩＣＦ(国際生活機能分類)がありますが、ＩＣＦの視点は自立支援介護の実践に不可欠な要素です。ＩＣＦは「人間全体を見る」捉え方で、マイナスな事柄があっても「ほかにこんな面がある」などプラス思考の眼差しがあります。

自立支援介護においても、ＩＣＦの多角的な視点をもち「その人らしい生活」の実現を支援していくことが大切です。

## ICFの生活機能モデル

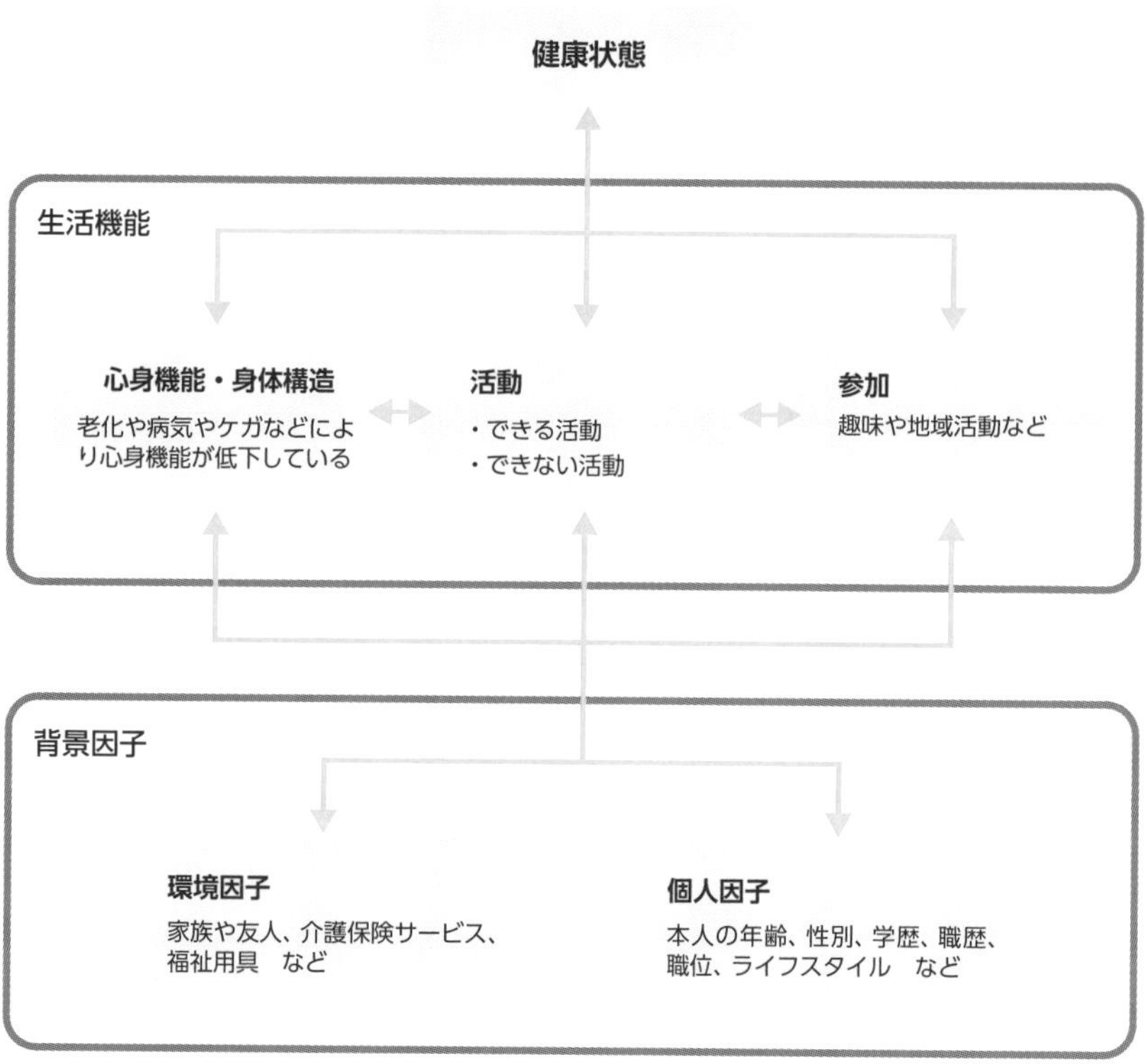


## ICFの視点を基にした、廃用の強い要介護高齢者の生活の考え方

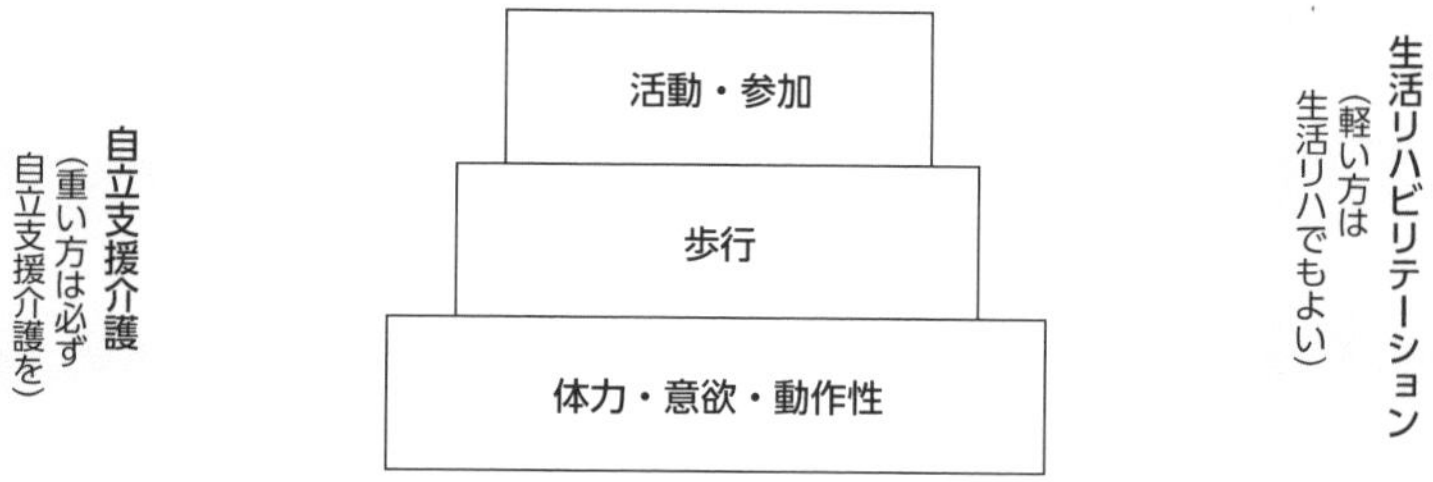


心身機能やすべてのADL、IADL（手段的日常生活動作）のベースとなるのは体力や歩行である。そこをおざなりにして最近では活動や参加にフォーカスを当てた生活リハビリテーションが注目を集めているが、筆者はあえて警鐘を鳴らしたい。

# 6 自立支援と自立支援介護の違い

自立支援と自立支援介護は混同されがちですが、両者の違いをきちんと押さえましょう。

## 自立支援と自立支援介護は、使い分けて考えるべき

2016（平成28）年、第2回未来投資会議において、当時の安倍総理の「介護でもパラダイムシフトを起こす。自立支援に軸足を置く」という宣言は、さまざまなメディアで大きく取り上げられました。

ただし当時は、自立支援と自立支援介護の違いをきちんと理解した上で使い分けているメディアや専門家は、筆者が知る限り皆無でした。

自立支援と自立支援介護は言葉が似ているために、しばしば混同されがちです。しかしこの2つはきちんと使い分けて考えるべきです。

## さまざまな自立支援がある

要介護高齢者の自立を支援する自立支援には、生活リハビリテーションをはじめ、さまざまな理論や実践方法がありますが、自立支援介護の理論や実践方法は1つしかありません。

自立支援介護は、竹内孝仁先生が人間の生理学や数多くの論文等の科学的根拠に基づいて考えられた理論で、要介護高齢者の生活の自立を目指すためのケア手法を指します。

## なぜ、自立支援介護なのか

自立支援介護の具体的な実践方法については第4章で詳しく述べますが、自立支援介護は、竹内先生が提唱する5つの基本ケア（次ページの下図参照）を同時にしっかりと行うことで、寝たきりや車いすなど重度の要介護高齢者であってもADL（日常生活動作）が向上し、要介護状態の改善が期待できます。

自立支援の手法にはさまざまなものがありますから、どのような方法を導入すればよいか、迷っている介護経営者や現場の人たちも多いかもしれません。しかし、介護全体を「理論」と「アウトカム（結果・成果）を伴う実践」できちんと体系づけたものは、筆者が知る限り自立支援介護しかありません。

## 自立支援と自立支援介護の違い

| | |
|---|---|
| 自立支援<br>（さまざまな手法と理論がある） | 介護保険制度の基本的な考え方。要介護高齢者の自立を支援するために実施される介護でさまざまな理論や実践方法がある。主な手法は次のとおり<br>●**生活リハビリテーション**<br>・トイレ、着替え、入浴など日常生活動作をリハビリテーションの一環として捉え、介護職が適切な介助量の支援を行うことで生活機能の維持・向上を目指す<br>・農業や園芸が人の精神や身体へ与える効用に着目して、高齢者が農・園芸活動を行うことで、健康の増進や、やりがいなどにつなげて生活の質の向上を目指す<br>●**天井から吊り下げられたスリング（吊り帯）を使って行うリハビリテーション**<br>●**活動量の増えるレクリエーション等で体力の低下を防ぐリハビリテーション**<br>●**理学療法士等のもとで行われるリハビリテーション** |
| 自立支援介護<br>（竹内理論に基づく） | 認知症を含めた介護を必要とする人が自立した生活ができるように支援すること。科学的なエビデンスに基づき介護全体を「理論」と「アウトカム（結果・成果）を伴う実践」で体系づけたもの |

## 自立支援介護の5つの基本ケア

※5つの基本ケアは第4章で詳述。

①水分摂取：最低でも1日1500mlの水分補給を行う

②食事：常食で1日1500kcalのエネルギー量を確保する

③便秘と不眠の改善：便秘、不眠の症状を改善して、結果的に減薬もしくは頓服にしてもらう

④運動：ゆっくりとしたリズミカルな全身の軽い運動で動作性を改善し、あとはひたすら歩く

⑤モチベーションと意欲：利用者のモチベーションと意欲を引き出し、積極的に元気になることに取り組んでもらう

↓

**介護職だけで行えて、再現性が高い**

# 7 介護保険からの卒業は、自立支援介護で可能に

国民のセーフティーネットである社会保障制度が今、崩壊の危機に瀕しています。

## 社会保障制度存続の危機

筆者は自立支援介護を世界に広げるために、アジア諸国を中心に世界中の国を訪問しています。日本の介護保険制度に詳しい各国の政府関係者等からしばしば耳にするのが「日本の介護保険制度は贅沢。わが国ではとうてい真似できない」という言葉です。日本では所得に応じて1~3割の利用料でさまざまな介護サービスが受けられますが、アジア諸国では日本のように十数兆円もの予算を組んでいる介護保険制度の実現が難しいのです。ただし、この介護保険制度がつくられたのは、少子高齢社会が深刻になる前です。今の日本の経済成長は鈍化する一方で、高齢化と生産年齢人口の急減が同時進行で起こっており、制度維持が危ぶまれています。

## 介護度を改善し、介護保険からの卒業者を1人でも多く増やす

介護に携わる者として、介護保険の法改正に対応することは非常に大切です。しかし中期長期的な視点も同時にもたなければいけません。国は社会保障制度の持続可能性を熱心に説くようになってきましたが、これを強く意識して介護事業を経営している経営者は非常に少ないのではないでしょうか。

政府の将来の見通しによると、2040（令和22）年度には社会保障費が約190兆円と予測されています。特に医療・介護分野の支出増加が顕著で、2018（平成30）年度と比べて、医療費は1.7倍、介護費用は2.4倍になると予測されています。このままでは社会保障制度が完全に破綻してしまいます。国の社会保障制度が崩壊すれば、間違いなく多大な犠牲を生むことになります。持続可能な社会保障制度をつくることは、もはや避けては通れない喫緊の課題です。介護経営者として利益を上げること、そして高齢者を元気にすることは確かに大切ですが、危機感をもって社会保障制度に意識を向けることは非常に重要です。

## 深刻な介護人材の不足。2040年度に69万人不足と試算

### 第8期介護保険事業計画に基づく介護職員の必要数について

○第8期介護保険事業計画の介護サービス見込み量等に基づき、都道府県が推計した介護職員の必要数を集計すると、

・2023年度には約233万人(+約22万人(5.5万人/年)
・2025年度には約243万人(+約32万人(5.3万人/年)
・2040年度には約280万人(+約69万人(3.3万人/年)

となった。　※()内は2019年度(211万人)比

※ 介護職員の必要数は、介護保険給付の対象となる介護サービス事業所、介護保険施設に従事する介護職員の必要数に、介護予防・日常生活支援総合事業のうち 従前の介護予防訪問介護等に相当するサービスに従事する介護職員の必要数を加えたもの。

○国においては、①介護職員の処遇改善、②多様な人材の確保・育成、③離職防止・定着促進・生産性向上、④介護職の魅力向上、⑤外国人材の受入環境整備など総合的な介護人材確保対策に取り組む。

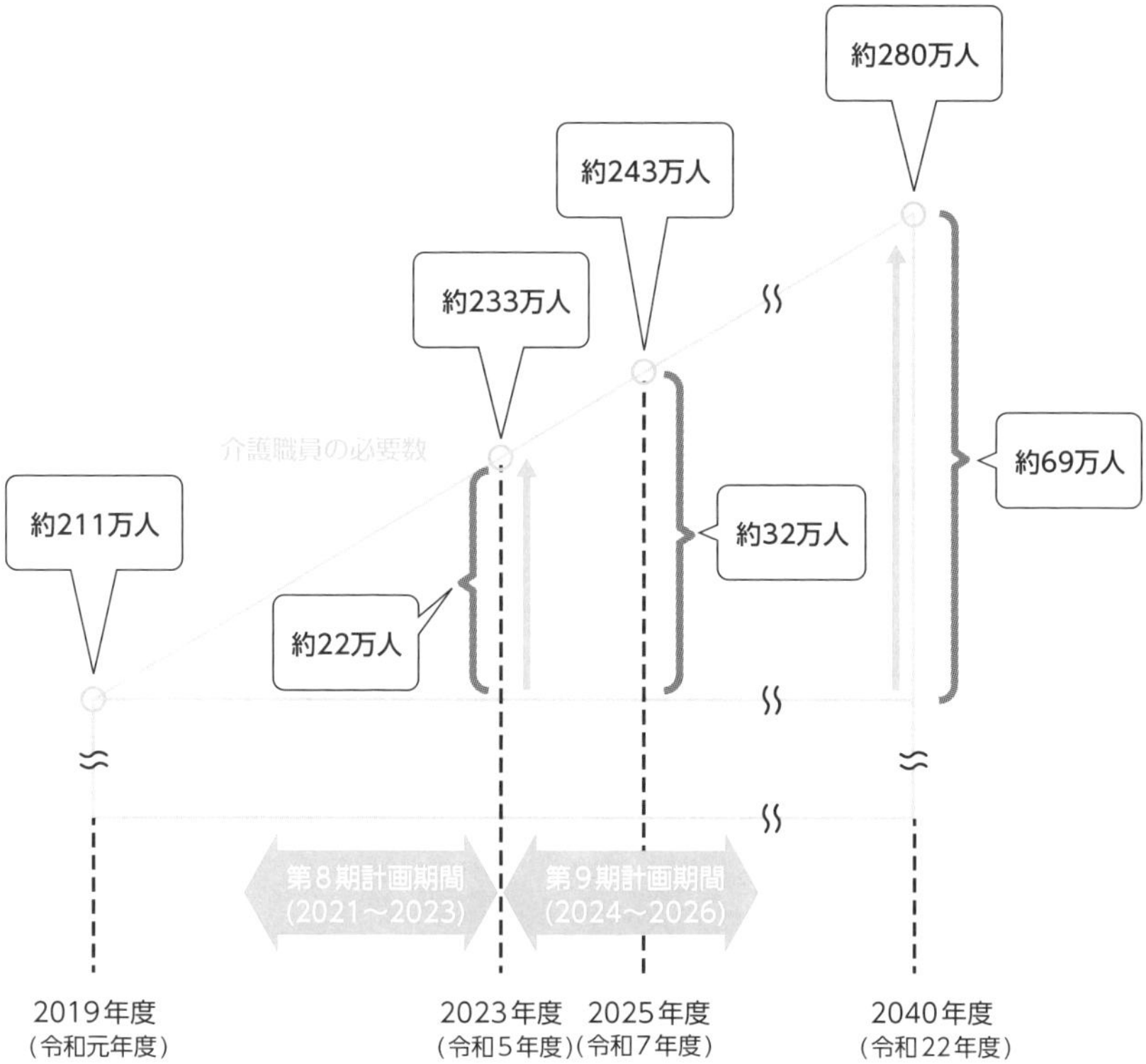


出典：厚生労働省「別紙1 第8期介護保険事業計画に基づく介護職員の必要数について」(https://www.mhlw.go.jp/content/12004000/000804129.pdf) を基に筆者一部削除

# 8 介護業界の大淘汰時代に、運営を継続させるには

介護業界の倒産が増加しています。激化する競争の中で生き延びる方法を考えます。

## 自立支援や自立支援介護をめぐる、無関心や賛否

自立支援や自立支援介護については、介護保険制度が始まった当初は大多数の介護関係者が無関心で、関心がある人たちの中でも自立支援介護に反対する意見が多数ありました。

けれども本来あるべきケアの姿は、おむつの世話をすることだけではなく、おむつが外せる可能性についてあらゆる角度からアセスメントし、計画を立て徹底的に実行し、外せる方にはおむつを外すお手伝いをしてあげることです。本人の代わりにお世話をすればそれだけ廃用が進み寝たきりになるのです。

今では要介護高齢者が元気になることへの反対意見は耳にしなくなりましたが、「どうやっていいかわからない」「元気になったら売上が下がるのでは」という声がまだまだ多くあります。しかし国が自立支援・重度化防止を推進していく今、もはや、やるか・やらないかといったレベルの問題ではなく、やらなければならない緊急度も重要度も高いタスクになっているのです。

## 介護業界は大淘汰時代に突入

独立行政法人 福祉医療機構（WAM）の調査によると、2022（令和4）年度の通所介護事業所の経営状況は、赤字事業所の割合が前年度の46・5%から49・6%に拡大し、およそ2つに1つの事業所が赤字という厳しい状況になりました。

また、東京商工リサーチの『2023年「老人福祉・介護事業」の倒産、休廃業・解散調査』によれば、2023（令和5）年は介護事業所の倒産件数が過去2番目に多くなりました。一方で介護業界はM&A（合併、買収）も活発化しており、異業種からの新規参入してくるケースも増えています。

介護業界の熾烈な競争に勝ち抜くには、質の高い介護を利用者に提供しつつ、同時にいかに生産性を上げて効率のよい経営を行い事業を継続していくかが勝負なのです。

## 2021、2022年度 通所介護の経営状況

| 区分 | | 2021' n=5,681 | 2022' n=5,744 | 差（2022'-2021'） |
|---|---|---|---|---|
| 定員数 | (人) | 29.5 | 29.6 | 0.2 |
| 利用率 | (%) | 70.0 | 68.0 | △2.0 |
| 年間営業日数 | (日) | 304.7 | 304.0 | △0.6 |
| 登録者数 | (人) | 77.7 | 72.1 | △5.6 |
| うち要介護者 | (人) | 58.1 | 55.7 | △2.4 |
| 要介護度 | − | 1.81 | 1.83 | 0.03 |
| 利用者単価 | (円) | 9,221 | 9,475 | 254 |
| 利用者10人当たり従事者数 | (人) | 5.56 | 5.59 | 0.03 |
| うち介護職員数 | (人) | 2.98 | 3.00 | 0.01 |
| 人件費率 | (%) | 68.2 | 68.6 | 0.4 |
| 経費率 | (%) | 25.4 | 26.4 | 1.0 |
| うち水道光熱費率 | (%) | 4.5 | 5.3 | 0.8 |
| 減価償却費率 | (%) | 4.2 | 4.1 | △0.1 |
| サービス活動増減差額比率 | (%) | 1.5 | 0.0 | △1.5 |
| 経常増減差額比率 | (%) | 1.7 | 0.4 | △1.3 |
| 従事者1人当たりサービス活動収益 | (千円) | 5,139 | 5,235 | 96 |
| 従事者1人当たり人件費 | (千円) | 3,507 | 3,593 | 86 |
| 定員1人当たりサービス活動収益 | (千円) | 1,979 | 1,971 | △8 |
| 赤字事業所割合 | (%) | 46.5 | 49.6 | 3.1 |

出典：独立行政法人 福祉医療機構 経営サポートセンター「2022年度 通所介護の経営状況について」
（https://www.wam.go.jp/hp/wp-content/uploads/240228_No.012.pdf）

## 2023年「老人福祉・介護事業」の倒産件数

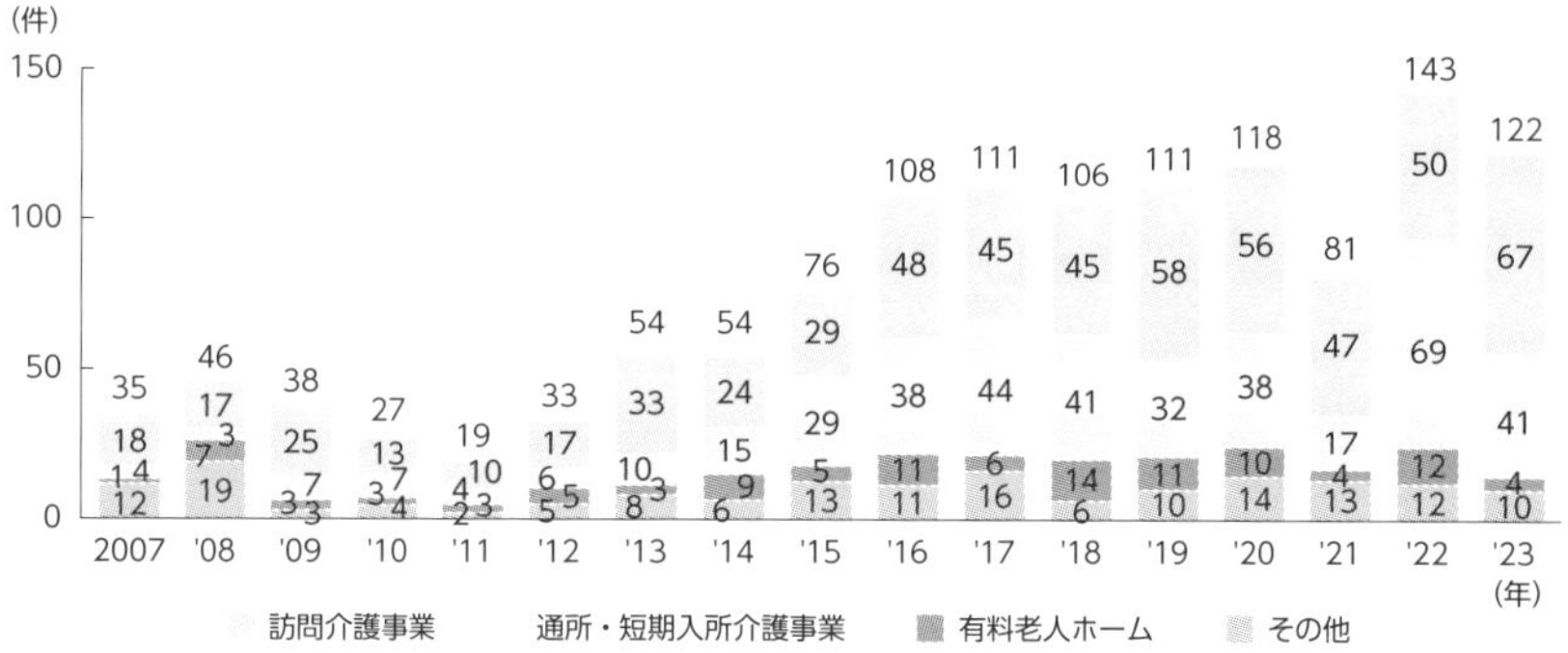


出典：株式会社 東京商工リサーチ『2023年「老人福祉・介護事業」の倒産、休廃業・解散調査』
（https://www.tsr-net.co.jp/data/detail/1198300_1527.html）

コラム

# 迫りくる「2040年問題」、その先にある「2054年問題」

## 現役世代1人が、高齢者1人を支える時代に

社会保障制度を主に支える現役世代（15～64歳）の人口と、65歳以上との人口比率を見ると、1960（昭和35）年は高齢者1人を11・2人の現役世代で支えていたのが、2014（平成26）年では2・4人にまで減少しました。

このまま少子高齢化が継続した場合は、2060（令和42）年には高齢者1人を1・3人の現役世代で支えることになります。このように、高齢者と現役世代の人口が1対1に近づいた社会は「肩車社会」と呼ばれています。

## 諸課題が顕在化する「2040年問題」

現在約800万人いるとされる団塊の世代が全員75歳以上の後期高齢者となり問題になっている「2025年問題」は、もうそこまできていますが、その先の2040（令和22）年には事態がさらに深刻化します。第二次ベビーブームに生まれた団塊ジュニア世代が全員65歳以上となり、人口の約35%と最大の割合を占めることになるからです。特に問題なのが、高齢者の急増と生産年齢の急減が同時に起こることです。

現在すでに人手不足が顕著になっていますが、あらゆる分野において人材獲得がますます困難になるでしょう。そのためにも企業は、業務の効率化と生産性の向上に取り組むことが急務となります。そしてその先にあるのが「2054年問題」です。

## 高齢者人口が最多となる「2054年問題」

生産年齢人口が減少する一方で、75歳以上の後期高齢者の人口が2054（令和36）年まで増え続け、日本は4人に1人が75歳以上の、言わば超々高齢社会に突入すると予測されています。労働力不足の加速化、増大する社会保障費など、日本はこれらの問題をどう乗り切るかが重要課題となっています。

# 第2章

# 大淘汰時代に生き延びるために必要な、経営の視点

# 1 選ばれる事業所になるために

介護経営を学ぶ上で、業界独特の特徴を知っておきましょう。

## 介護業界における、お客さまは誰か

私たちが知っておかなければいけない重要な項目に「介護事業におけるお客さまは誰か」という問題があります。ケ直接契約を結ぶのは利用者ですが、ケアマネジャーのところに営業に行きますから、ケアマネジャーもお客さまということになります。

私たちは誰からお金をもらうかといえば、一部は利用者、あるいはその家族、一部は保険者である地方自治体です。

そういった意味からいうと、利用者以外にも、ケアマネジャーや保険者に対してもお客さまという視点が必要だということです。

「BtoBtoC」という取引形態がありますが、介護業界は「介護サービス事業者」→「ケアマネジャー」→「利用者と家族」といった取引形態になります。つまり、最初の取引先であるケアマネジャーに選ばれるために、利用者と家族にいかに価値あるサービスを提供できるかどうかが重要なのです。

## 制度ビジネスの視点

「経営は値決め」といったのは経営の神様、松下幸之助さんです。しかし私たち介護業界では、基本的には自分たちで単価を決めることはできません。デイサービスで提供する食事代やおむつ代も実費程度と決められています。

介護業界では値決めが実質できないのです。ではどこに注力して事業を行えばいいのでしょうか。

筆者がもっとも重要だと考えるのが商品力です。商品である介護サービスに価値や魅力がなければ、ケアマネジャーや利用者と家族にも興味をもってもらえません。

大切なのは「利用者にとって本当に必要なものは何か」という視点に立って、価値を見いだしてもらえるサービスを提供することです。

それが数ある競争相手の中から「選ばれる事業所」になるための大事なポイントの1つです。

## 介護業界に必要な商品力と販売促進

**重要なのは、独自の強みを磨き上げること**

**介護サービス（Service）**

- どのようなサービスを提供するか
- 求められるサービスは何か

↔

**販売促進（Promotion）**

- ケアマネジャー、利用者、家族のニーズにどのように訴求するか



### 自立支援介護でよく出る質問

**Q 営業や宣伝は、どうすればいいでしょうか？**

当社では営業や宣伝を2つに分けて「認知の営業」と「深化の営業」と呼んでいます。「認知の営業」は、当社の存在やサービスの中身を知ってもらうための営業です。事業所のオープンの際や、新しいケアマネジャーが入られた際に営業に行ったり、折り込みチラシをまいたりします。

一方の「深化の営業」は、当社を使ってくれたお客さま、すなわちケアマネジャーや、利用者、家族にファンになってもらうことです。これは「結果を出すこと」と「それを正しく伝えること」に分けられます。つまり利用者を元気にして、その結果をケアマネジャーから利用者や家族にサービス担当者会議等で伝えてもらうのです。

ただし、サービス担当者会議はいつでも開催されるわけではなく、また、あくまでケアマネジャーが中心なので、当社では「家族会」という名前で、独自のサービス担当者会議のような集まりを開催しています。

＊

当社を含めた介護サービス企業3社（株式会社ポラリス、株式会社ゆず、株式会社ケアクラフトマン）が、自立支援型デイサービスの経営ノウハウをYouTubeで公開しているチャンネルがあります。利用者集客のポイントや、KPI、人材採用・育成方法、改善事例などを紹介しているので、興味のある方はぜひご覧になってみてください。

- **YouTube「介護経営チャンネル – 三匹の子豚プロジェクト」**
  https://www.youtube.com/channel/UCIDUW-GoC3TTHYhIGgWHNfQ

# 2 介護ビジネスの「良い商品」「良い介護」とは

大淘汰時代に勝ち残るには、質の高い自立支援を行い、結果を出し続けることにかかっています。

## 「良い商品」とは何か

2000（平成12）年に施行された介護保険法の第二条には、次のようなことが書かれています。

「介護保険給付は、要介護状態等の軽減又は悪化の防止に資するよう行われるとともに、医療との連携に十分配慮して行われなければならない」

介護保険法を読み解いていくと、良い介護を構成する要素は次の3つに集約されます

①入浴、排泄、食事等基本的な介護、

②自立支援・重度化防止、機能訓練、

③医療看護等の連携管理です。

そして今この業界に圧倒的に足りていないものが、「質の高い自立支援」なのだと筆者は考えます。

質の高い介護サービスとは、要介護高齢者にできるだけ元気になってもらい、残りの人生を有意義に過ごしてもらうお手伝いをすることだと考えています。それに対してしっかりと成果を出せるのが「自立支援介護」なのです。その理由については、この本の各所で皆さんにお伝えしていこうと思います。

## ケアマネジャーに選ばれる事業所

デイサービスの現場でリハビリテーション的なサービスが始まった当初は、結果に関係なくリハビリテーションをやっているだけのデイサービスでも、人気を得ることは難しくありませんでした。

しかし今は違います。質の高い自立支援を提供して要介護高齢者が元気になる、その結果介護度が改善し、さらには介護保険から卒業できる。

そういったきちんと結果を出せる事業所をケアマネジャーが評価し、利用者を紹介するという流れが増えてきています。

実は一部の自治体では、すでにケアマネジャーの質の評価も始まっているのです。今後はさらに、結果を出せる事業所を紹介するケアマネジャーが評価される傾向が加速していくことでしょう。

## 質の高い自立支援で結果を出すことが、強い商品力となる

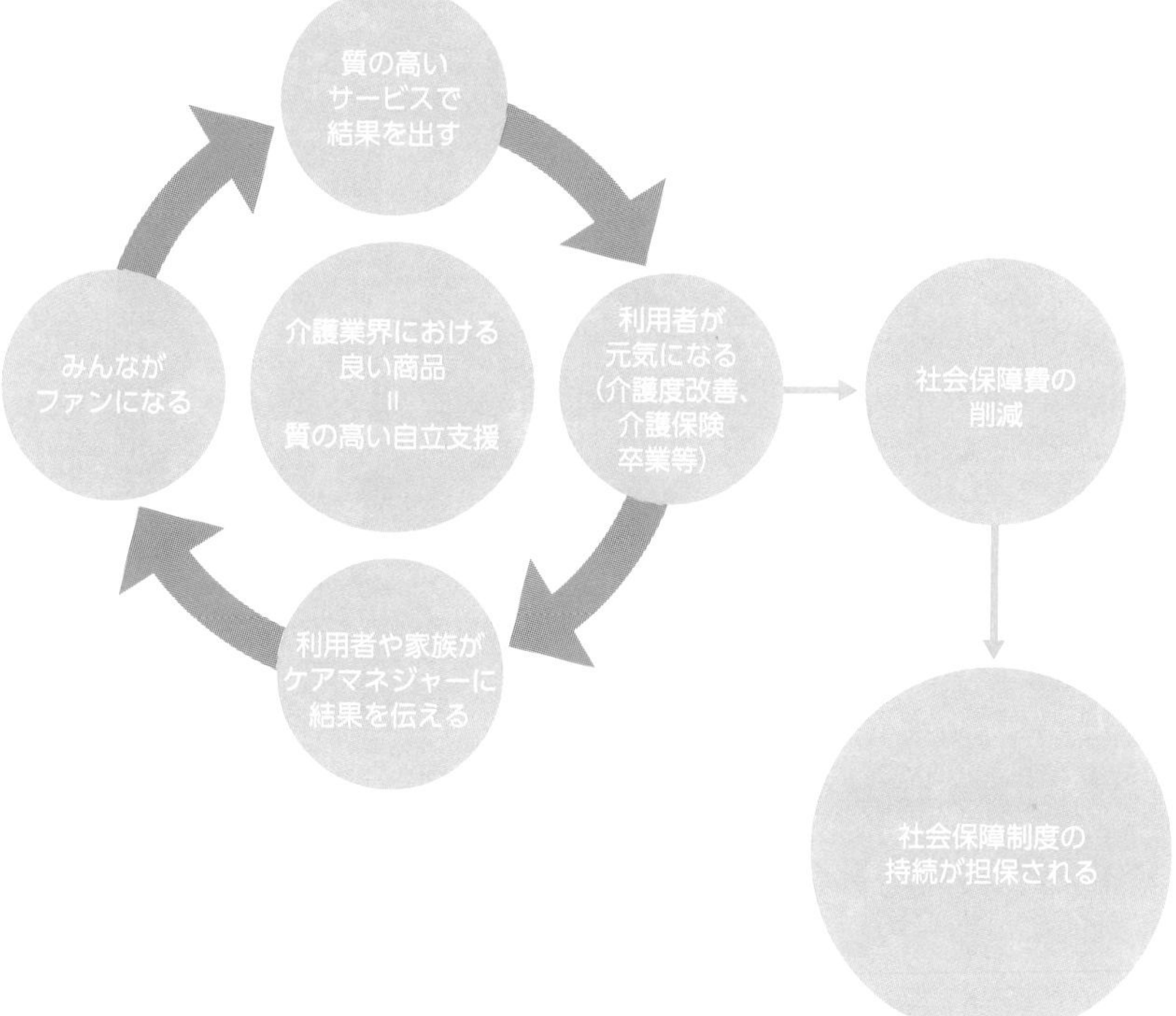




### 自立支援介護でよく出る質問

### Q 介護度を改善する必要はあるのですか？

「自立支援はうちでも実践しているけれど、無理して介護度を改善させないとだめですか？」「元気になったのなら、介護度区分はそのままでもいいのではないですか？」などの質問をしばしば受けることがあります。

しかし、それでは根拠に基づく科学的介護とはいえません。また介護度が改善されなければ、国の社会保障費はいつまでたっても増える一方です。

社会保障関係費は、今の高齢者世代ではもちこたえられたとしても、この先の子どもの代、孫の代には破綻するのではないかと危惧されています。

私たち介護事業者は自立支援・重度化防止とともに、社会保障制度の持続可能性を担保するために、質の高い自立支援で高齢者を元気にして、要介護度の改善や介護保険からの卒業者を１人でも多く出していく必要があるのではないでしょうか。

# 3 質の高い自立支援で重要なのは、トップの覚悟

介護業界は大きな転換期にあります。質の高い自立支援で一番必要なのは、トップの覚悟です。

## 最後までやり抜く覚悟を

国は、自立支援・重度化防止を介護保険における最重要項目の1つとして掲げ、介護にパラダイムシフトを起こすと、変革に向けて大きな一歩を踏み出しました。

質の高い自立支援を行うには「これまでのサービスのやり方をちょっと変える」くらいの発想ではうまくいきません。重要なのは最後までやり抜くトップの強い「覚悟」が必要なのです。

## やる気を引き出す動機づけ

大きな業務改革を行うときには、とりわけスタッフのやる気をどう引き出せるかが課題となります。筆者が経営するデイサービスでは、利用者が住み慣れた街や自宅で元気に暮らしてもらえるよう、結果にとことんこだわった自立支援介護を行っています。しかし、寝たきりや車いすで生活していた利用者が、介護度を改善したり介護保険を卒業したりするのに決して楽な方法はありません。介護スタッフにとっては、肉体的にも精神的にも大変なことが多いのです。けれども、要介護高齢者が歩けるようになり感謝の気持ちを表してくれたときに、介護スタッフは世の中の役に立っているという確かな実感が得られます。それが介護の仕事の魅力になり、継続する原動力にもなるのです。

業界や業種にかかわらず、専門性が高い仕事やその人しかできない仕事ほど給料が高い傾向があるのは言うまでもありません。介護職もそうあってほしいと考えています。介護報酬の改定で介護職員処遇改善によって給料が上がっても、専門性がついてこなければ、結局は介護職の地位向上にはつながらないのではないでしょうか。

当社では、介護の専門性（第3章で詳述）を高めれば、それに見合った報酬がついてくることをスタッフに知ってほしいという思いから、社内インセンティブ制度を設けています（36ページ参照）。

## 介護職員が現在の仕事に満足を感じていること TOP5

- TOP1 仕事の内容・やりがい
- TOP2 職場の人間関係、コミュニケーション
- TOP3 職場の環境
- TOP4 雇用の安定性
- TOP5 労働時間・休日等の労働条件

出典：公益財団法人 介護労働安定センター「令和4年度介護労働実態調査 介護労働者の就業実態と就業意識調査 結果報告書」(https://www.kaigo-center.or.jp/content/files/report/2023r01_chousa_cw_kekka.pdf) を基に著者作成

## 介護職を選んだ理由（複数回答）

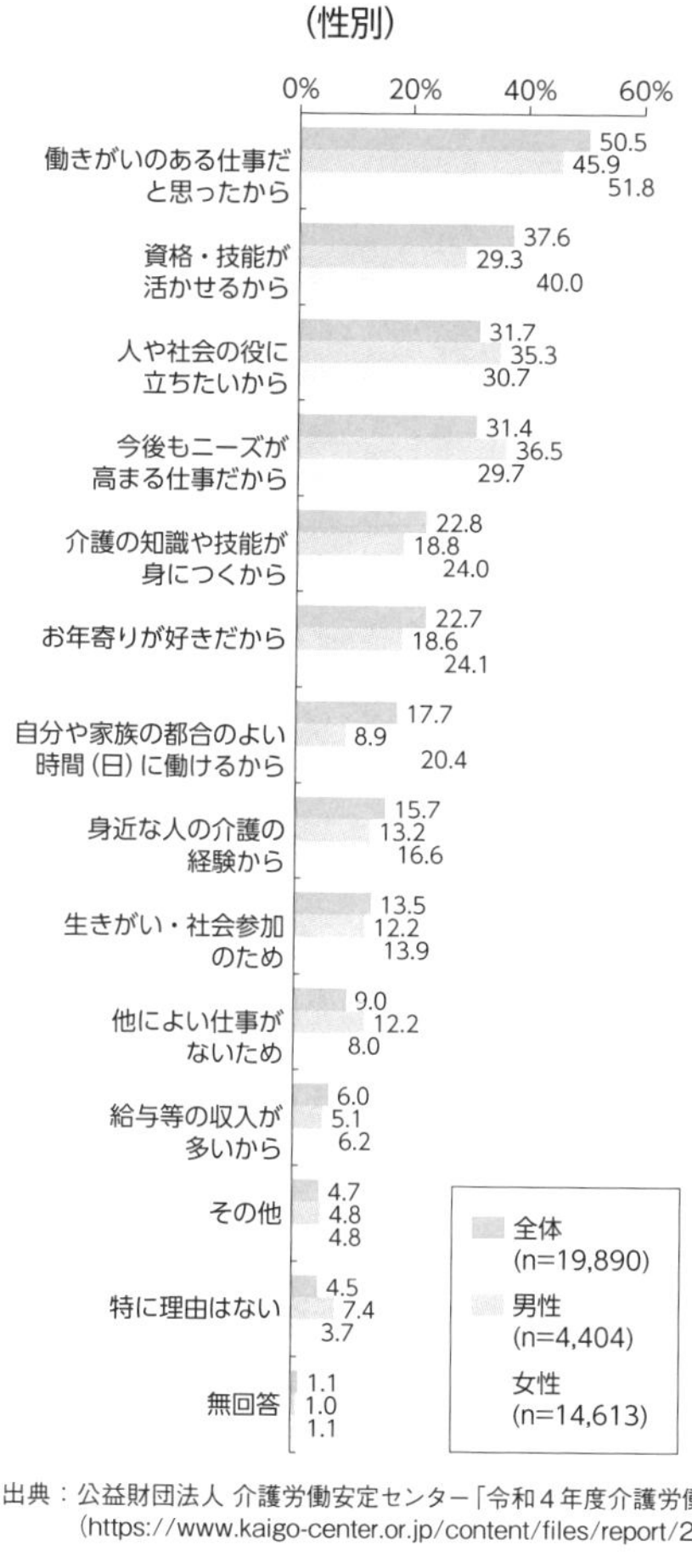


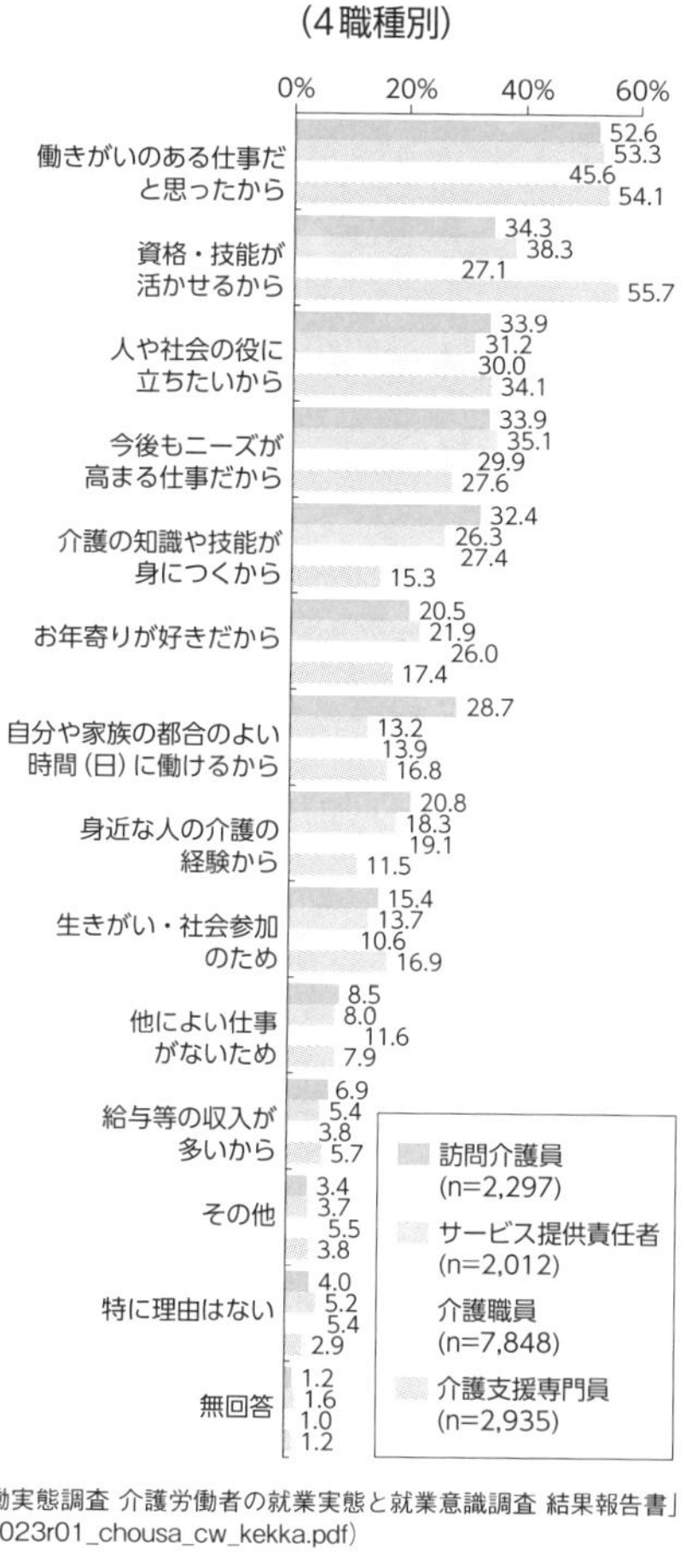


出典：公益財団法人 介護労働安定センター「令和4年度介護労働実態調査 介護労働者の就業実態と就業意識調査 結果報告書」(https://www.kaigo-center.or.jp/content/files/report/2023r01_chousa_cw_kekka.pdf)

# 4 生き残るために必要な、経営の3軸＋人材

介護の大淘汰時代で勝ち組みになるために必要な、経営の3軸と人材についてご説明します。

## 基本の3軸＋人材

### ①質の高い自立支援（商品力）

質の高い自立支援は介護ビジネスにおける強力な商品力となります。

### ②利益を出す力（効率性）

質の高い自立支援を実践すればそれでよいかというと、当たり前のことながら、組織が継続できなければ意味がありません。

そこで重要になるのが利益を出す力（効率性）です。効率性を示す指標はさまざまにありますが、当社で大切にしているのは、人時労働生産性《にんじろうどうせいさんせい》です。「売上÷総労働時間」で算出します。

人時労働生産性の算出法には「粗利益高÷総労働時間」もありますが、売上から経費を引いた粗利益高が分子になるために、状況によって数字が変わりやすいのでお勧めできません。

また「粗利益高÷総労働時間」の算出では「売上」「経費」を最小にするか、「労働時間」を短くするかの3択で考える必要がありますが、「売上÷総労働時間」の算出法では「売上を上げるか」「労働時間を短くするか」の2択で考えていけばよいのです。

これは京セラの創業者である稲盛和夫さんが推していたものであり、数ある生産性の定義や数式の中で一番わかりやすく有効だと思います。

### ③法令順守、リスクマネジメント

介護ビジネスは制度ビジネスであり、かつ人の命や生活にかかわるものですから、一般企業以上に法令順守やリスクマネジメントが重要です。

送迎の車両事故や介護事故を減らし、監査（社内監査を含む）などは、いつ受けても大丈夫なように、リスクマネジメントを行うことが必要です。

そしてこれら3軸の土台となるのが人材です。介護業界を含め日本は今、人手不足で倒産する企業が増加し、今後この傾向は加速していきます。人材確保に関しては全方位で十分に対策を練る必要があります。これについては114ページからご説明します。

## 質の高い自立支援に必要な3軸＋人材

**①質の高い自立支援（商品力）**

介護ビジネスにおいては、質の高い自立支援は強力な商品力となる

**②利益を出す力（効率性）**

人時労働生産性の指標である「売上÷総労働時間」をベースに、効率性を考える

**③法令順守・リスクマネジメント**

・法令順守
・介護事故、車両事故、監査対応をマネジメントする力
・良心的な費用でリスクマネジメントを担ってくれる弁護士事務所もある。顧問弁護士をつけるのも1つの方法
・利用者が元気になることに対しての覚悟＝リスク・テイクがきちんとできることも重要

**経営の基盤は「人材マネジメント」**

・採用　・研修　・評価　・配置　・異動　・退職

COLUMN

### 「コムスン」事件の教訓

記憶に残っている方も多いかと思いますが、2007（平成19）年には社会に波紋を広げた、いわゆる「コムスン事件」がありました。

介護保険制度が始まったときから急成長して、訪問介護事業所の最大手となった株式会社コムスンが、介護報酬の「不正受給」「指定基準違反」などの不正を行っていたことが発覚したのです。しかし、指定取り消し処分を受けそうになるたびに廃止届を提出し、処分逃れを繰り返していました。

これに対し厚生労働省は悪質と判断し、2007年6月にコムスンの事業所の新規及び更新指定の不許可処分を発表し、コムスンは介護分野から撤退することになりました。あらためて法令順守の重要さを再確認させられる出来事でした。

# 5 目標達成に、人事制度の構築は不可欠

質の高い自立支援介護を推進する源は人材です。しっかりした人事制度の構築が必要です。

## 人事制度の役割と目的

経営目標の達成や、介護スタッフの成長を促しモチベーションを上げるためには、人事制度の構築は必要不可欠です。また、しっかりした人事制度があることで、スタッフと会社のつながりはより強固なものになっていきます。

一般的に人事制度は、従業員のそれぞれの役割に基づく行動を評価する役割主義が主流になっていて、当社でもスタッフの意欲や頑張りが反映されやすいよう、役割評価を中心に据えた人事制度を導入しています。

「役職」ではなく「役割」を等級基準として設定しており、活躍に応じた抜擢人事も行っています。

## 公平性と客観性に優れた多面評価

また、評価制度においては、上司だけでなく後輩や同僚など周囲のあらゆる方向から評価される多面評価（360度評価）や、チームの成果が反映されるチーム評価を導入しています。

上司1人で評価する場合は、公平な評価を行うことが難しく、複数の部下の状態が把握しきれないこともあります。しかし、立場が異なる複数のスタッフの視点を取り入れて行う多面評価は、公平性と客観性に優れていることが大きなメリットです。

さらに、多面評価では評価を受ける側も、自己評価と他者評価のギャップが明確になります。また自分の強みにも気づけるなど、一緒に働く人たちからの正しいフィードバックやコメントは、自身が成長する上で重要な指針となるのです。

## 自立支援介護に必要な、3つの土台

さまざまな自立支援の方法がある中で、筆者がもっとも優れていると考えるのが、竹内孝仁先生が提唱する、科学的根拠に基づく自立支援介護です。

質の高い自立支援介護力を構築するために必要な人物像の基礎となるのが、

## 人事制度の全体像

**Ⅰ 求める人材像**

### ◎理念を体現し、ビジョンを実現する人材像

今まで大切にしてきた「求める人材像」の価値観や求められるスキルを「7つの能力」「3つの土台」(P.33参照)で整理し言語化。今後の採用、育成、評価基準に

**Ⅱ 各種諸制度**

**等級制度**

### ◎経営戦略に応じ、自社の価値基準を等級区分に反映

「役職」ではなく「役割」を基軸とし、等級基準として設定

**評価制度**

### ◎求める人材像に応じた評価基準

「自立支援介護力向上の3軸」「チームでの成果追求」「個の成長」を実現する唯一無二のオリジナリティある評価制度

**賃金制度**

### ◎メッセージ性の高い賃金制度

能力ではなく「役割の重さ」「成果の高/低」を反映する賃金制度

**Ⅲ 運用・定着**

### ◎シンプルで負荷の低い運用の仕組み

可能な限りデジタルな評価運用、ITシステムの活用等での負荷軽減

「高い志」「覚悟・あきらめない心」「人間力」です。

## 生半可な気持ちでは行えない

自立支援介護は、利用者の日常生活を変えることから始まります。しかし、例えば70歳であれば、これまでの70年間の生活習慣の積み重ねがあって「今」があるのです。ある日突然介護スタッフから「さあ歩きましょう」「水分をとりましょう」と言われても、今までの習慣を変えることはなかなかできないものです。

その一方で、必ず元気になりたい気持ちももっています。どんなに難しいケースであっても介護スタッフが「絶対にあきらめない覚悟」をもっていれば、必ず利用者の意欲を引き出していくことができます。

## 求められる7つの能力

自立支援介護力を十二分に発揮するのに必要なのが次の7つの能力です。

**①アセスメント力**：観察力、質問力、情報収集力などの課題発見能力のことです。

**②ロジカルシンキング力**：これまで介護の世界では「寄り添う」「利用者の尊厳を守る」といった感覚的な言葉を使って議論がされていました。しかし、業界全体が科学的介護に向かっている今、直感や感覚で物事をとらえて考えていくのではなく、論理的な思考が必要です。

**③挑戦・試行力**：はじめは利用者へのアプローチがうまくいかなくても、どうすればよいか解決策を考え、何度でも粘り強く工夫や試行ができる力です。

**④プレゼンテーション力**：「なぜ歩行訓練が必要なのか」など、利用者や家族、ケアマネジャー、同僚やほかのサービス提供者等に自分の意図を正確に理解してもらえるまで、ていねいにわかりやすく、辛抱強く伝える力です。

**⑤段取り力**：日々やるべき業務が多い中で、スピード感をもって効率的にやり切る力です。

**⑥コーチング力**：利用者の話を傾聴し本音を引き出して、利用者を「○○したい」という目標に向かって具体的な行動に導いていける力です。

**⑦巻き込み力**：問題があっても1人で抱え込まずに、目的遂行のために周囲の同僚や上司を巻き込む力です。指導者が目指すロールモデルを明示することで、スタッフも自身の強みや取り組むべき目標が明確になります。

## 自立介護支援に必要な７つの能力と３つの土台

**把握・思考**

**①アセスメント力**
観察力、質問力、情報収集力などの課題発見能力

**②ロジカルシンキング力**
どうやったらうまくいくか、何が問題なのかを論理的に考えられる力

**③挑戦・試行力**
解決策を考え何度でも粘り強く、工夫や試行ができる力

**実行**

**④プレゼンテーション力**
相手に自分の意図を正しく理解してもらえるまで伝える力

**⑤段取り力**
日々やるべき業務が多い中で、スピード感を持って効率的にやり切る力

**⑥コーチング力**
利用者の話を傾聴し本音を引き出し、やりたい目標に向かって導く力

**⑦巻き込み力**
1人で抱え込まず、目的遂行のために能動的に周囲を巻き込む力

**3つの土台**

社会課題を解決したい、社会の役に立ちたいという
**「高い志」**

目の前の利用者を何が何でも元気にしてみせるという
**「覚悟・あきらめない心」**

人との関係を素直に受け入れられる
**「人間力」**

## 介護における感覚的思考と論理的思考例

これまでの介護の現場では、直感や感覚で物事を捉える感覚的な思考法を行うことが多かった。そのため、介護で使う言葉も抽象的な内容となりがちであった。しかし、科学的根拠に基づいた介護を行っていくには、物事を結論と根拠に分けて、矛盾がないように筋道を立てて論理的に考え結論を出していくロジカルシンキング（論理的思考）が必要となる。

| お世話型介護で多く使われる言葉【例】 | 自立支援介護で多く使われる言葉【例】 |
|---|---|
| 寄り添う | なぜ歩けないのか |
| 利用者の尊厳を守る | どうすれば歩けるのか |
| 利用者本位の | なぜ水分が足りないのか |
| 生活できる | 何メートル歩けるか |
| 元気に暮らせる | TUG（P.109参照）は何秒か |
| 頑張る | 要介護度はいくつを目指すのか |

# 6 介護度改善、区分変更のための施策

これからは、介護度悪化だけでなく介護度改善のための区分変更も必要になります。

## 介護度改善による区分変更に取り組む

筆者が運営する事業所は、全国に74事業所あり（2024年6月現在）、介護度改善者の実績は、2013年1月から2023年8月までの期間、3千242人になりました。これは3か月以上利用後、認定を受けて介護度が1段階以上改善された数になります。また同期間の介護保険からの卒業者数は757人です。ここでいう介護保険からの卒業の定義は「介護保険を一切利用しなくても住み慣れた自宅で生活できること」となります。介護保険の認定調査期間は年々延びています。またコロナ禍で認定調査のスキップも常態化されてしまいました。介護度改善の実績を積んでいくためには、認定調査の時期を待たずに改善のための区分変更を行っていく必要があります。

要介護度の区分変更は、多くは利用者の状態が悪化したときに行われています。それなりに手間がかかるので、介護度改善の場合、ケアマネジャーが進んでやってくれないのではないかという懸念があるかもしれません。

## 区分変更を提案する際の工夫

そこで、筆者の事業所では介護度改善の目標を最初に通所介護計画に組み入れて、本人のみならず家族とケアマネジャーの同意をとることにしています。

例えば「現在は要介護度4で5mしか歩けないが、1年後には家族で温泉旅行に行きたい希望がある。温泉に行くために、車いすを卒業して500m歩く目標を立てる。500m歩けるようになったら介護度は要介護2になる」といった具合です。最初から計画に落とし込んで目標に合意していれば、介護度改善の区分変更もスムーズにいきます。

今後、介護報酬はアウトカム評価指標に重点をおいた加算がますます重視され、介護度改善の区分変更が当たり前になるだろうと考えています。

## 介護度改善・効率性向上のための施策

**介護度を改善するための施策**

**①社内インセンティブ制度**
利用者の介護度改善、介護保険からの卒業に伴うインセンティブ制度を実施

**②社内「P1グランプリ」等の開催**
利用者がどれだけ元気になったかを報告し、各事業所間で毎月と年間累計の数字を競い、報奨金を出している

**③ケースカンファレンスの実施**
個別のケースについて、特に困難事例については具体的な打ち合わせを行うことで、現場スタッフの経験値を上げていく

**④改善のための区分変更を提案**
悪化した場合だけでなく、改善した場合も区分変更を提案する。介護度改善の目標を最初に通所介護計画に落とし込んでケアマネジャーと家族の同意を得ておくとスムーズにいく

**効率性（利益を出す力）向上のための施策**

**①人員配置4：1を全社目標に**
人件費は最大の経費であり、最大の注意を払ってコントロールしていく必要がある。少なすぎても多すぎてもだめ

**②本部に支援室を設置**
ヘルプシステムと併せて地域における各事業所間の人件費の平準化を図る

**③パワーリハビリテーションからの脱却**
パワーリハビリテーションは要介護高齢者が歩く訓練をする前に、ゆっくり・リズミカルな全身の軽い運動で動作性を改善するものなので、ずっと行う必要はない。歩ける距離が延びてくれば徐々にやめてもよい

**④送迎車の見直し**
大きな車で稼働率が悪いのならば、軽自動車など価格が安く誰でも運転しやすい車に変えて、稼働率を上げる

**⑤送迎エリアの見直し**
送迎エリアは狭いほど効率が上がる。曜日によってエリアを分けることで効率的な送迎が行える

## 介護度改善と生産性向上の両立は可能（当社事例）

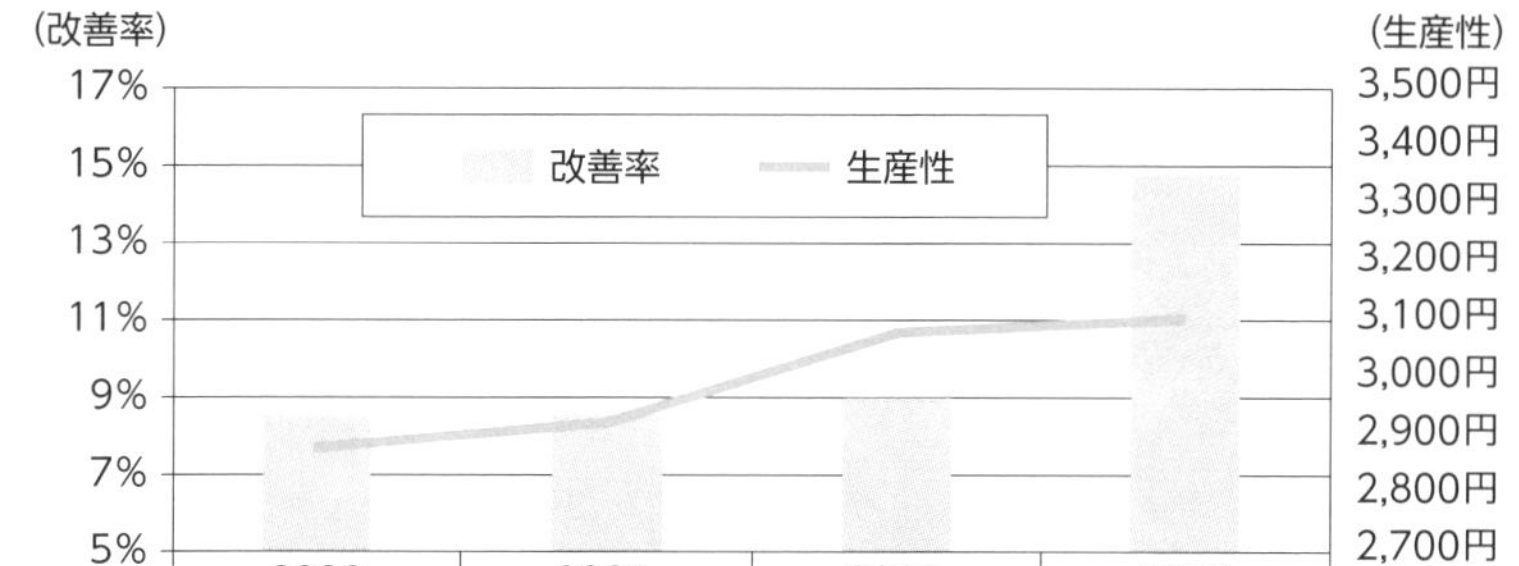


| | 2020 | 2021 | 2022 | 2023 |
|---|---|---|---|---|
| 改善率 | 8.6% | 8.6% | 9.1% | 14.8% |
| 生産性 | 2,883 | 2,918 | 3,088 | 3,096 |

※2023年は1月～6月の平均値
※改善率：介護度が改善した利用者数÷認定調査を受けた利用者数×100
※生産性：売上÷総労働時間

# 7 安定経営には、介護度改善と効率性の両立を

安定した経営を目指すには、介護度改善とともに効率性を向上させる取り組みが必要です。

## 社内インセンティブ制度の成果

第4章で詳しくお伝えする自立支援介護を徹底的に継続して行っていくには、何より志の高い優秀な介護スタッフの力が必要です。

このためスタッフの頑張りが目に見える形で反映されるように、利用者の介護度が改善されたら改善1人につき5千円、介護保険から卒業できたら利用者1人につき1万円といった、当社独自のインセンティブ制度を設けています。

利用者の介護度改善の成果を毎月全国の事業所間で競う当社独自の「P1グランプリ」はスタッフに好評です。P1グランプリは、1か月の中で良い改善事例のスライドを事業所ごとにChatwork（チャットワーク／ビジネスチャットツールの1つ）に挙げて、互いに投票しあいます。上位5事業所にそれぞれ1万円を支給するほか、1年間の累計が1位だった事業所には30万円、2位に20万円、3位に10万円の報奨金を出しています。

P1グランプリを開催してから、当社の介護度改善や介護保険からの卒業実績が大きく上がりました。

## 利益を出す力（効率性）の「見える化」

介護度改善と利益を出す力（効率性）は両立させなければいけません。

どんなに良い介護サービスを提供していても、赤字続きでは経営が成り立ちません。会社は存続し続けることが一番重要です。

効率性向上のために当社はさまざまなことに取り組んできました。

また当社では介護度改善と安定した事業所運営のために「自立支援介護力（高齢者をどれだけ元気にしているか。要介護の改善度）」「効率性（売上、利益、生産性）」「リスクマネジメント」の3軸に関連する40項目を、事業所ごとにKPI化して管理し、各事業所が今どのような状態にあるかを分析しています。

## ❯❯❯ 当社施策「P1グランプリ」のルールと仕組み ❮❮❮

**①利用者の情報を1ページにまとめる**

- **利用者の情報**：年齢／介護度／利用者の担当職員名／既往歴／長期・短期目標／改善ポイント／利用開始当初と改善後の各動画
- **改善指標**：当社では、世界基準の歩行能力評価の1つであるTUG（P.109参照）での歩行テストを、P1グランプリ以外でも利用者の改善指標として使っている。P1グランプリでも利用者の基本的な情報と併せて、ビフォー・アフターの比較として、TUG測定時の動画を、利用開始当初と改善後の2パターン掲載する決まりにしている。

**②毎月1事業所につき、1事例を投稿**

**③各事業所と本部の全スタッフが、印象に残った事例に投票**

**④1位の事業所を表彰**

**⑤12月に行われるグランプリファイナルの集計から、年間グランプリを決定**

## ❯❯❯ 「P1グランプリ」の発表事例 ❮❮❮

**【年齢／介護度】** 80歳／要介護4

**【既往歴】** 肝性脳症　肝臓がん　左くるぶし骨折

**【長期目標】** 自宅内で歩行器を使い料理をしたり、ぬか床で漬物を漬けること

**【短期目標】** 夫が運転する車で昔勤めていた美容室にヘアーカットをしにいくこと

**【改善ポイント】** パワーリハビリマシン「レッグEXT ／ FLEX（下半身の運動）」「ホリゾンタルレッグプレス（下半身の運動）」「トーソEXT ／ FLEX（体幹系の運動）」を強化し、立位保持をすることから始めた

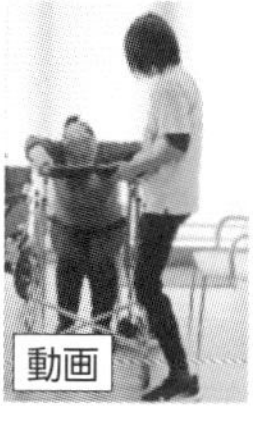


体験時：TUGできず

1年後：TUG 1分19秒

現在：目標の車に乗る練習も行っている

寝たきりの状態で、もう2度と歩けないと医師から言われていた。ケアマネジャーからの相談で、当初は自宅のベッドから起き上がることからスタートした。動画では、歩行の足取りが軽くなっている様子もわかる。

KPIとはKey Performance Indicatorの頭文字をとった言葉で、重要業績評価指標と訳されます。簡単にいえば目標に対する進捗度を図るための評価指標です。

当社ではKPI化した数値をひと目で判断できるよう自社で開発した「ポラリスコックピット」という情報システムを活用しています。

## ITツールの活用は必要不可欠

下の画像で示した「ポラリスコックピット」は、売上、改善点数、人時労働生産性など必要なKPIを画面管理してデータを自動抽出し、自立支援介護、生産性、リスクのアウトカム評価を行うために独自に作成した経営分析システムツールです。

飛行機のパイロットは、夜間や深い霧でも計器だけを見て飛行機を操縦す

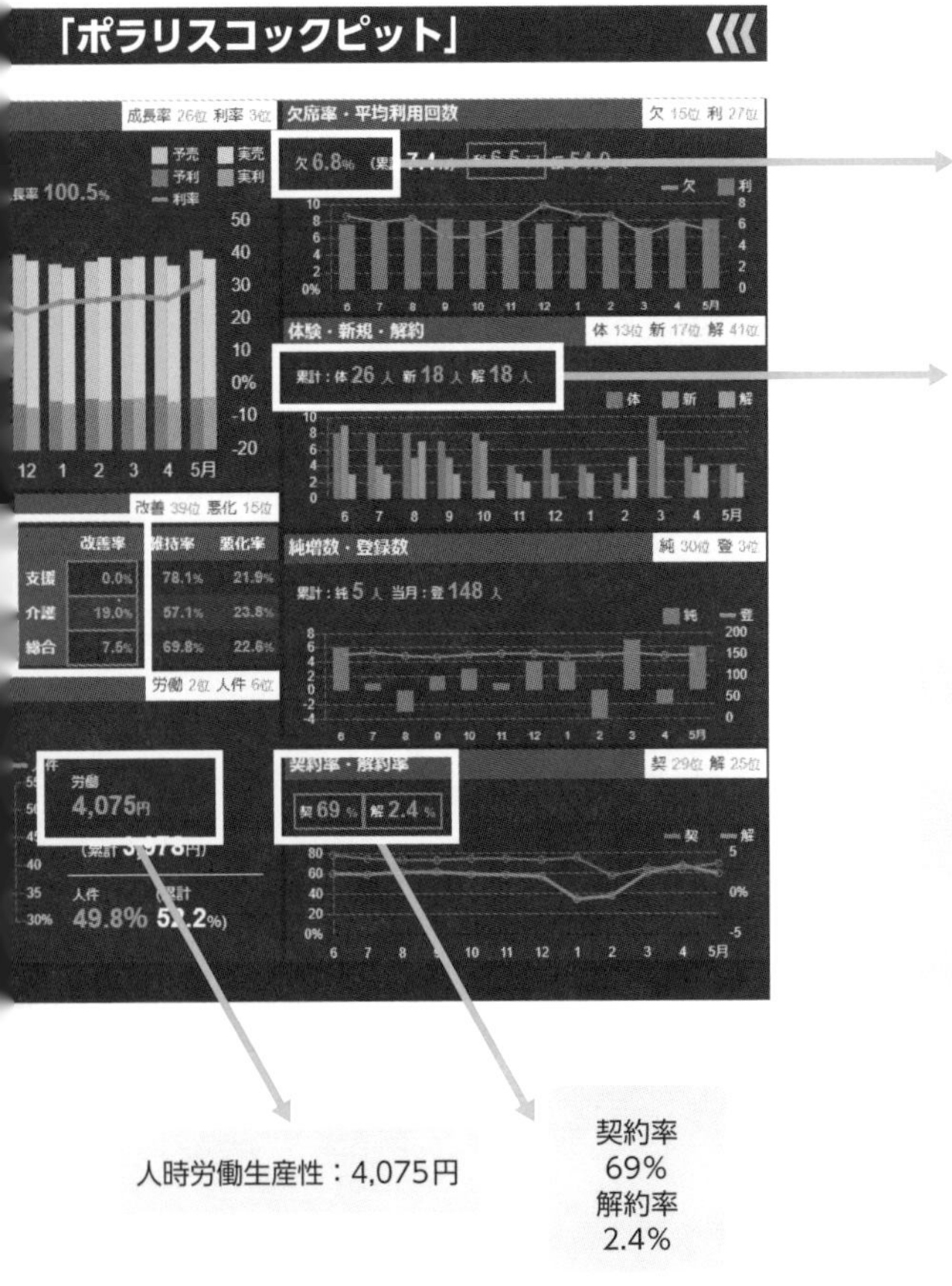


売上、改善点数、人時労働生産性など必要KPI（組織の目標を達成するための重要な業績評価の指標）を画面管理してデータを自動抽出し、自立支援介護、生産性、リスクのアウトカム評価を行う。一定の生産性が数字で示せるよう、当社では人時労働生産性を指標として用いているが、人時労働生産性を見るときは必ず人件費率も見るようにしている。

る訓練を行うようです。経営においても計器＝数字だけで会社の課題を見つけ出し、解決策を見いだしていく必要があります。これをコックピット経営といいます。

このように介護度改善と効率性向上の両方の面から取り組んだ結果、当社ではコロナ禍であっても人時労働生産性は向上していました。

介護事業に「効率性」を取り入れるのは、違和感がある経営者や幹部の方々もいるかもしれません。

しかし急に介護報酬が上がることも、採用が突然しやすくなることもありません。これからの厳しい経営環境を生き延びていくには、質の高いサービスと収益性、効率性の向上、この2つの両立が不可欠なのです。



## 経営分析システムツール

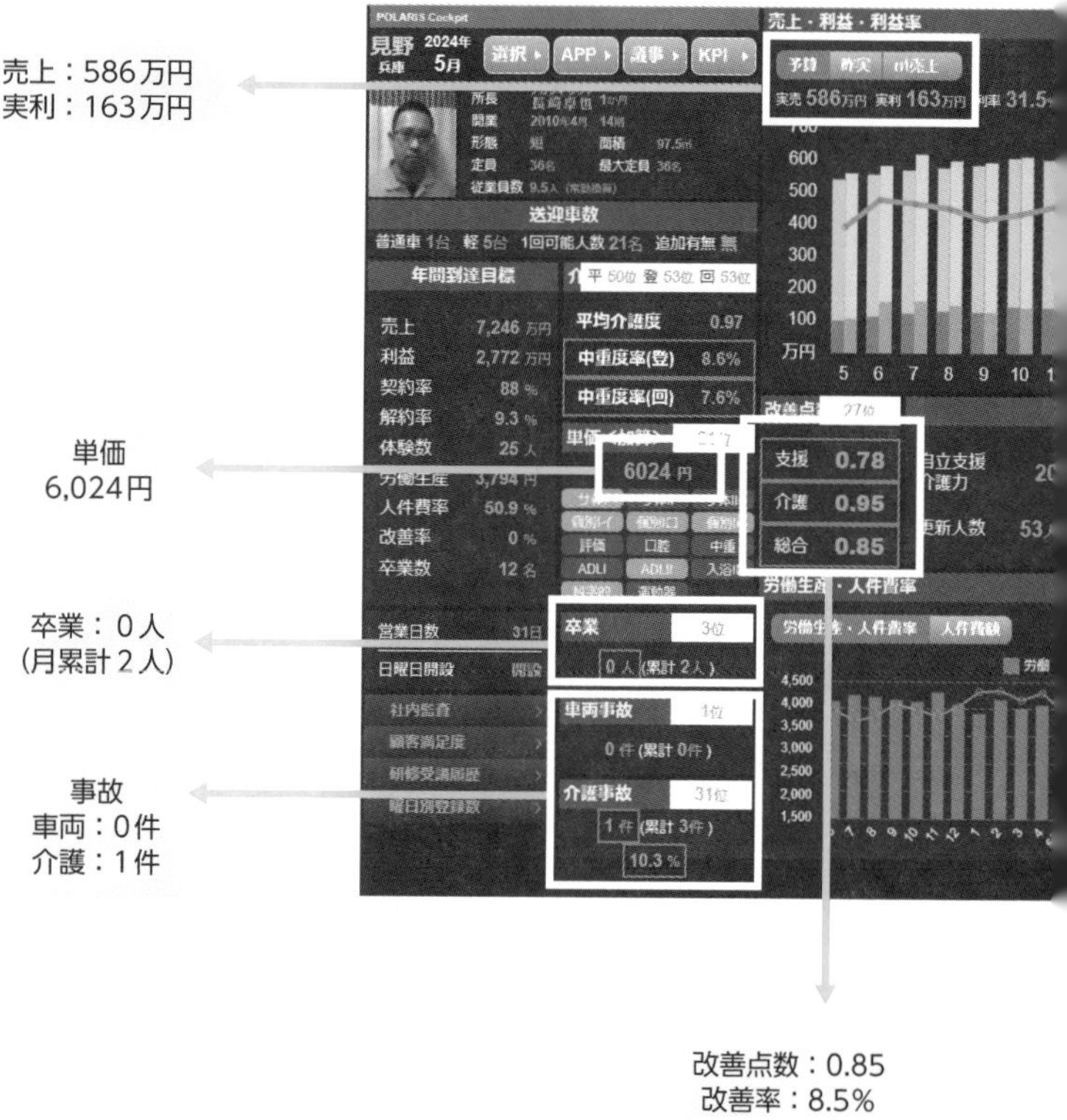

コラム

# 生産性向上のための取り組み①

## 介護現場をより働きやすい環境に

限られた人員で専門性の高い介護を提供していくには、介護現場で生産性を向上させることが重要になります。どのように取り組めばいいのか、具体的な方法について参考になるのが、厚生労働省が公開している「介護分野における生産性向上ポータルサイト」(https://www.mhlw.go.jp/kaigoseisansei/index.html) です。

## 業務改善の道しるべとなる内容

このポータルサイトでは、介護サービスの生産性向上は「介護の価値を高めること」と定義しています。そのために職場環境をより働きやすく変えていくための改善方法や、具体的な手順などについて「介護サービスにおける生産性向上のための7つの取組」(https://www.mhlw.go.jp/kaigoseisansei/what/effort.html) を公開しています。

①職場環境の整備
②業務の明確化と役割分担
③手順書の作成
④記録・報告様式の工夫
⑤情報共有の工夫
⑥ＯＪＴの仕組みづくり
⑦理念・行動指針の徹底

本書では、これらの内容のうち①②は66ページ、③～⑦は１１２ページでご紹介しています。

さらに、このポータルサイトでは、より詳しい取り組みを解説した「介護サービス事業における生産性向上に資するガイドライン」も公開し、「施設」「居宅」「医療」の3つのサービスごとに閲覧やダウンロードが可能になっています。また、社内研修でも使えるe-ラーニング教材や、モデル事業の事例紹介、取り組みを円滑に進めるための手順や手引など、業務改善を実践する上で役立つ支援ツールが豊富に示されていますので、活用してみてはどうでしょうか。

これまで業務改善をした経験がない事業所でも取り組みやすい内容になっていますから、今日から一つずつ取り組んでいくことをお勧めします。

# 第3章

# 介護の専門性を考える

# 1 PDCAサイクルより、OODAループを

## 介護現場では、OODA（ウーダ）ループの思考が適しています。

### PDCAサイクルの推進

介護においては、2015（平成27）年度の介護報酬改定で、認知症対応型共同生活介護（グループホーム）や、特定施設入居者生活介護、特別養護老人ホームにおける看取り介護加算の算定要件に、PDCAサイクルを推進することが盛り込まれました。さらに2017（平成29）年度には、地域包括ケア強化法によりPDCAサイクルによる取り組みが制度化されました。

このことにより、フィードバック票を活用したデータに基づくPDCAサイクルが定着し、ケアの質の向上が進みつつあります。

### OODAループとは何か

PDCAサイクルは、優れたフレームワークでビジネスや医療の世界でもよく使われていますが、筆者は介護の現場においては圧倒的に、OODA（ウーダ）ループが適していると感じています。

OODAループとは、意思決定と行動のためのフレームワークで、変化の速い状況において強みを発揮する手法だといわれていて、次のフェーズの頭文字から名づけられました。

**①Observe（観察）**：自らの計画に固執することなく、まず利用者を多角的に観察し、本人や家族の話を傾聴して、できるだけ多くの情報を収集する。

**②Orient（仮説構築）**：①の観察で得られたデータを基に、状況を判断、理解し「どうすれば利用者を元気にできるのか」という仮説を構築して、今後とるべき行動の方向づけをする。

**③Decide（意思決定）**：どのようなアプローチをしていけば目標達成につながるのか、具体的な方策や手段に関する意思決定を行う。

**④Act（実践）**：③の意思決定を実行に移す。その後フィードバックを行って①の観察に戻り、改善を加えながらOODAループを回していく。

## 一般的なPDCAサイクル

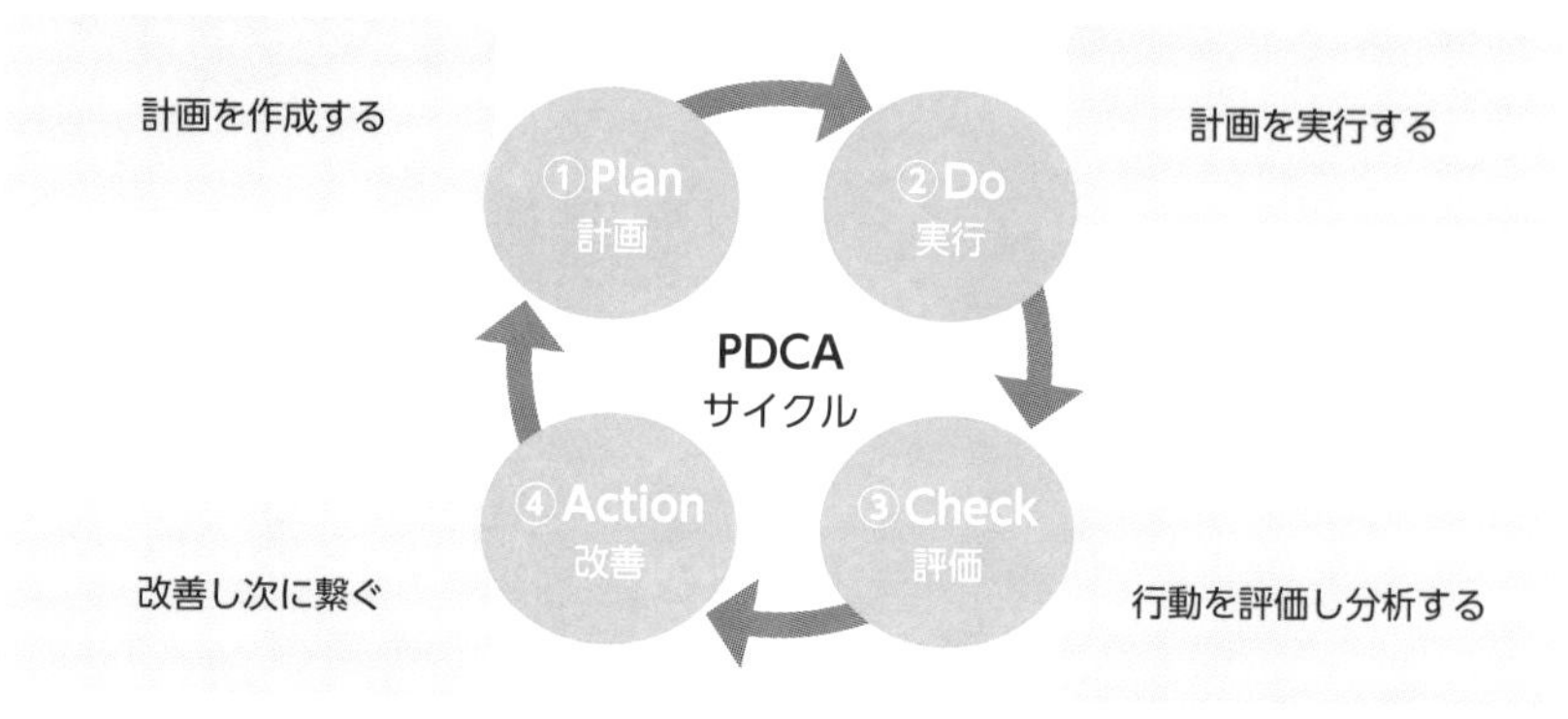
計画を作成する
①Plan
計画
②Do
実行
計画を実行する
PDCA
サイクル
④Action
改善
③Check
評価
改善し次に繋ぐ
行動を評価し分析する

## 介護現場におけるOODAループ

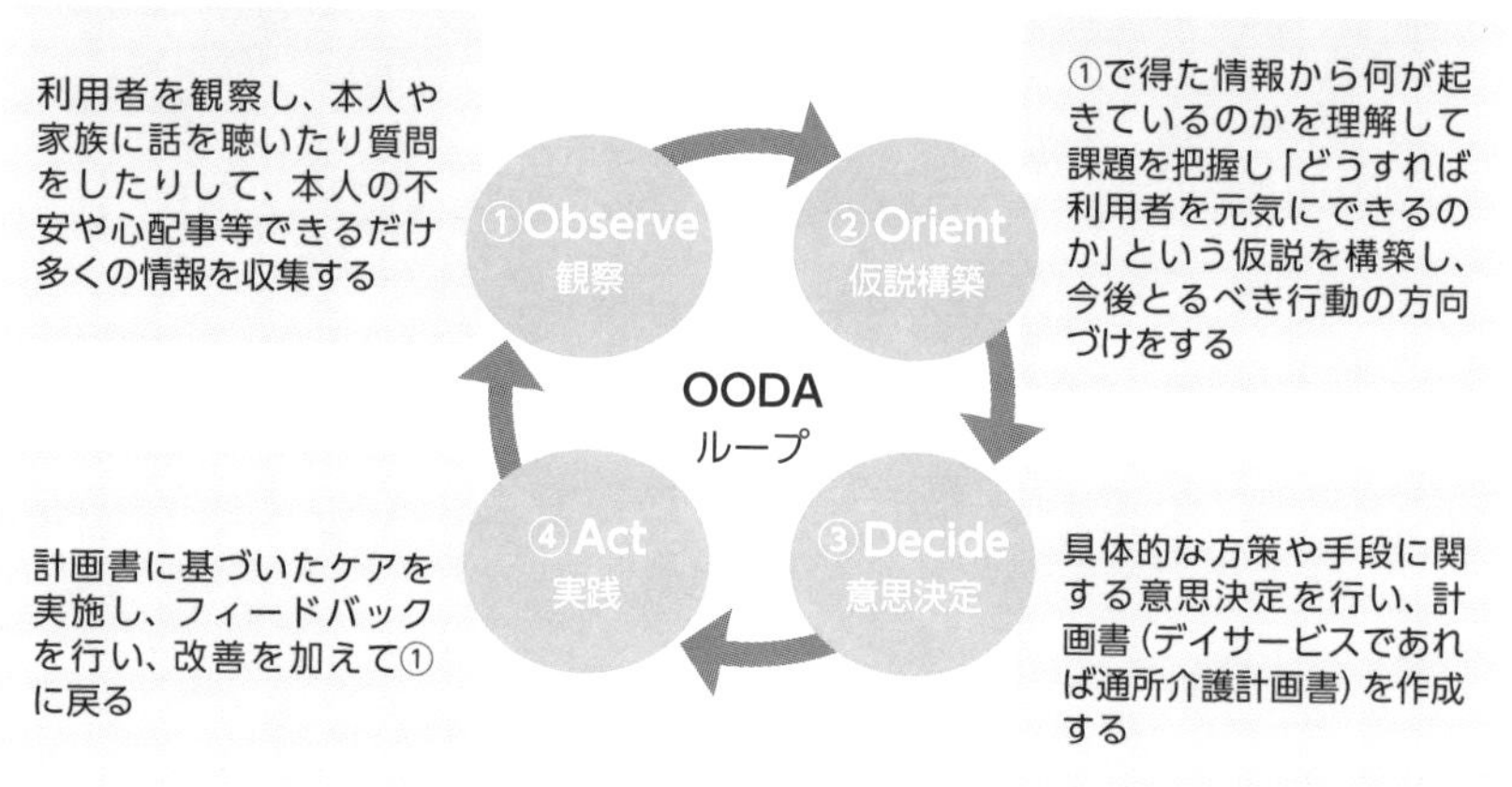
利用者を観察し、本人や家族に話を聴いたり質問をしたりして、本人の不安や心配事等できるだけ多くの情報を収集する
①Observe
観察
②Orient
仮説構築
①で得た情報から何が起きているのかを理解して課題を把握し「どうすれば利用者を元気にできるのか」という仮説を構築し、今後とるべき行動の方向づけをする
OODA
ループ
④Act
実践
③Decide
意思決定
計画書に基づいたケアを実施し、フィードバックを行い、改善を加えて①に戻る
具体的な方策や手段に関する意思決定を行い、計画書（デイサービスであれば通所介護計画書）を作成する

まず、利用者をしっかりと観察して話を聴き、情報を得ることが起点となる。

## 自立支援型のケアは、観察から始まるＯＯＤＡループを

ＯＯＤＡループは状況変化に対応しやすいという特徴がよく挙げられますが、ＰＤＣＡサイクルでも高速で回せば状況変化には十分に対応できます。

それよりも筆者が介護の現場でＯＯＤＡループを勧める一番の理由は、「観察から始まる」という点です。

デイサービスの生活相談員や、一部のケアマネジャーの中には、アセスメントシートを埋めることが仕事だと思っている人がいるように見受けられることがたびたびあります。そういった仕事ぶりを見ていると、本当に目の前にいる利用者に元気になってもらいたいと思っているのか、疑問を感じずにはいられません。

これでは「質の高い自立支援型のケア」を行っているとはいえないからです。質の高い自立支援型のケアとは、まず目の前の利用者を観察し、抱えている病気や経済状態、家族との関係などの状況を多角的に把握します。そして、どのような計画を立てれば元気になれるのかを考えて、仮説を構築することなのです。

## ＯＯＤＡループで好循環を回す

質の高い介護計画は質の高い観察力と質の高い仮説構築力、いわばアセスメント力が必要なのです。観察と仮説構築をきちんと行うことは、これまで利用者が生きてきた人生を、一部共有させてもらうことにもなります。

そうしてケアマネジャーがＯＯＤＡループを回し、要介護高齢者に最適なケアプランを立てます。そのケアプランに基づいてデイサービスの生活相談員がＯＯＤＡを回して利用者のリハビリテーションを考えます。さらに訪問介護や福祉用具などの現場の担当者が各自の視点でＯＯＤＡループを回していくのです。

チームで力を合わせて利用者を元気にして、これからの人生をどう有意義に過ごしてもらうのか、そのお手伝いをすることが介護の本来あるべき姿だと思います。

## ＯＯＤＡループの使用例

次ページの上図は、ケアマネジャーが脳梗塞で入院して退院した要介護高齢者のケアプランを、ＯＯＤＡループを使って立てている状況を表したものです。下図は、デイサービスの生活相談員が、そのケアプランを基にＯＯＤＡループを使ってリハビリ計画を立てている状況を表したものです。

## ケアマネジャー、デイサービス生活相談員のOODAループの例

### ケアマネジャーのOODAループ

脳梗塞の後遺症で片麻痺があり、歩行が不安定である。食事はうどんやお粥など軟らかいものしか食べられない状況

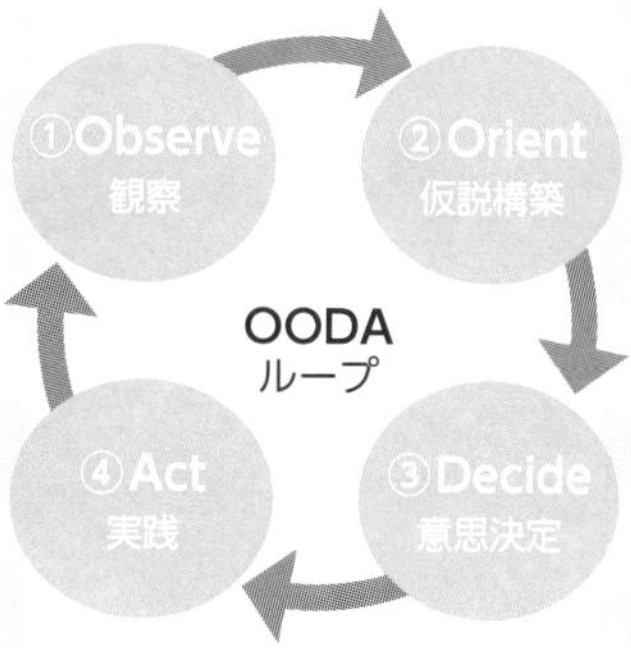


歩行能力を改善する必要がある。低栄養も心配である。軟らかいものしか食べられないのは、入れ歯が合わないからではないかと仮説を立てる

福祉用具は４点杖を借り、リハビリテーションのできるデイサービスに通ってもらう。歯科医院では入れ歯の調整をしてもらうことを決める

実際に福祉用具の４点杖を借りる。リハビリテーションのできるデイサービスに週３回通って歩行訓練を行ってもらう。また入れ歯の調整が上手な歯科医院を探して、入れ歯の調整をしてもらう

### デイサービス・生活相談員のOODAループ

デイサービスを体験してもらい、歩いている様子を観察する。歩行がおぼつかないので転倒の危険がある状況。歩行は不安定だが、買い物や銀行などには自分で行きたいという要望がある

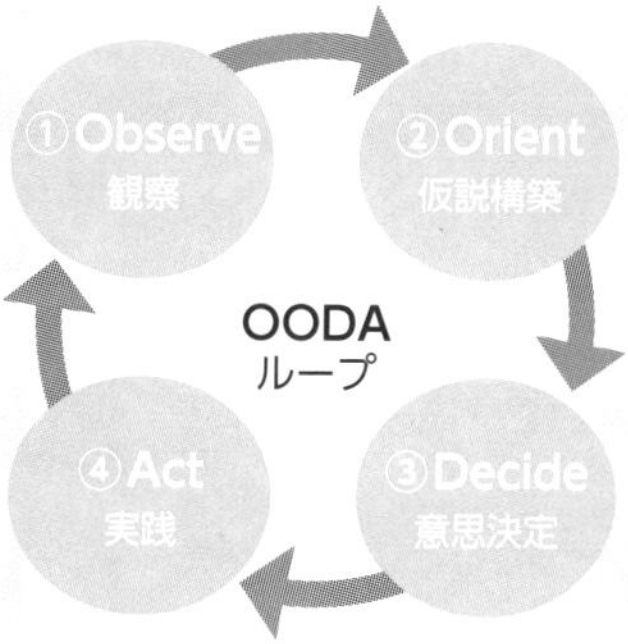


ケアプランには、福祉用具で４点杖を借りることになっているが、歩いている様子から、４点杖では転倒するリスクが高いと仮説を立てる

リハビリテーションに１か月くらい通えばU字型歩行器はいらなくなりそうだが、最初は念のために４点杖よりU字型歩行器のほうが安全だと考える

現時点では４点杖だと転倒リスクが高いので、最初は念のためU字型歩行器のほうがよいのではないかとケアマネジャーに提案する。デイサービスのリハビリテーションでは、スーパーや銀行に行けるように、半年後に２kmくらい杖を使って歩ける能力を身につけることを目標とする

# ② 自立支援介護では目標設定が大事

フレームワークに沿って目標を立てるとゴールまでの道のりが明確になり、的確に行動しやすくなります。

## 目標設定のフレームワーク

目標を達成するために必要な成功因子の頭文字をとった「ＳＭＡＲＴ（スマート）の法則」があります。弊社ではこれに「Ｗ（ワクワク）」を加えて、「ＳＭＡＲＴ－Ｗ（スマート・ダブリュー）の法則」と呼んでいるフレームワークがあります。

**①Specific：具体的で明確であること**

目標は誰もが理解して共有できるように「具体的」で「明確なもの」であることが大事です。

**②Measurable：数値などで測定ができる内容であること**

当社では、利用者の歩行改善の状況を測定するのには、歩行能力などの国際基準であるＴＵＧテストを採用しています。測定結果を数値にして利用者に伝えることは、利用者の「やる気」を引き出すきっかけにもなります。

**③Achievable：達成可能であること**

すぐ達成できる目標はもとより、大きすぎる目標を立ててしまうと利用者や家族などのモチベーションやパフォーマンスが下がる一因になります。「頑張れば何とか手が届く」程度の目標を立てるのがコツです。

**④Relevant：目標と関連していること**

自分たちチームがやろうとしている方針に関連していなければ意味がありません。私たちでいうと自立支援に関連した内容であることが重要であり、前提といってもいいかもしれません。

**⑤Time-bound：期限を決めること**

時間や期限が区切られていないと、いつまでに達成しなければいけないかがあいまいになるので、モチベーションが上がりません。タイムリミットを決めることが大切です。

**⑥Wakuwaku：ワクワクする目標**

例えば「ベッドからトイレまでの移動を介助なく行える」という目標では、あまりワクワクしないと思うのです。それよりも「５００ｍ歩けるようになって、孫の結婚式に参加する」などのように利用者のやる気が出るような目標を立てることが大事です。

## SMART-W（スマート・ダブリュー）の立て方

### Specific：具体的で明確な目標になっているか？

「元気になりたい」といったようなあいまいな表現や目標だと、人によって解釈がわかれて意思統一が難しくなる。「1年後には歩けるようになって、近くのショッピングモールのレストランに家族で行く」などの具体的な目標であれば、利用者の歩行訓練にも励みが出る

### Measurable：数値などで測定ができる内容になっているか？

単に「歩けるようになる」ことを目標にするのではなく「10m歩く」など、計量化することが大事。目標にする数値があきらかになれば「今日は5m歩けるようになった」「10mまで歩けた」など、目標に対する進捗状況も明確になる

### Achievable：目標達成が可能な範囲か？

モチベーションやパフォーマンスが低下すれば、目標設定自体の意味を失いかねない。達成可能な範囲の目標を設定することが必要

### Relevant：目標と関連した内容になっているか？

設定した目標が、利用者の希望に関連している内容になっているかどうかを確認する。また、これだけ達成すれば「やりたかったことができる」ことをはっきりと利用者に示すことも大切

※「R」はRealistic（現実的な）やRelated（関連した）という場合もある。

### Time-bound：期限が明確に設定されているか？

例えば車いすの利用者が「半年後に孫の結婚式がある。それに出席するために、車いすなしで歩けるようになりたい」と望んでいたとする。その場合は、まずは歩行器を使った状態からリハビリテーションを始めて、6か月後の自力歩行を目指すといった具合に達成までの期限を明確にする

＋

### Wakuwaku：ワクワクする目標か？

「昔行っていたレストランに家族と行く」「大好きな温泉旅行に行く」「友達と会って昔話をする」「街に出ておいしいものを食べる」「同窓会に出席する」など、具体的でやる気が出る目標にする

# 3 介護職のミッションとは何か？

私たち介護職が、利用者や家族を支える自立支援の主人公になりましょう。

## 多職種との連携が重要

チーム医療という言葉があります。介護の世界もまた、介護職が中心となって、各専門職と連携しながら高齢者の生活を支えます。チームでみていくのは同じですが、医療と介護ではそれぞれミッションが異なります。どう違うのか。がんで入院したAさんの例で考えてみましょう。

Aさんは、手術も無事成功して退院が決まりました。がんがとれてホッとしていますが、入院が長引いたせいで歩けなくなってしまったことが心配です。退院時に、主治医からは「手術は大成功です。がんはきれいにとれましたよ。よかったですね」という言葉けしかありませんでした。

このようなケースは、医療の現場では珍しいことではありません。医療チームの最重要ミッションは患者の病気を治すことにあります。手術でがんを切除し、根治したことで医療チームのミッションは達成されたのです。

一方、介護チームのミッションはAさんのように、歩けなくなってしまった高齢者を自立した生活ができるようにケアし、さらには住み慣れた地域、それもできれば自宅で残りの人生を有意義に過ごすことができるようにお手伝いをすることなのです。

そのためには利用者や家族の生活をきちんと把握している介護職が、介護チームの中心となって自立支援を提供すべきなのです。

利用者を元気にしたい思いが強すぎて何でも自分たちでやってしまおうとするのは、気をつけなくてはなりません。減薬に取り組むなら主治医や薬剤師、装具を外すのならリハビリテーションの主治医や理学療法士、栄養に関しては主治医や病院の管理栄養士といった具合に多職種との連携を忘れてはいけません。

さまざまなその道のプロと連携・協力しながら利用者の自立を支援していくのが、質の高い自立支援で結果を出す重要なポイントです。

## 医療の多職種連携チームと、そのミッション

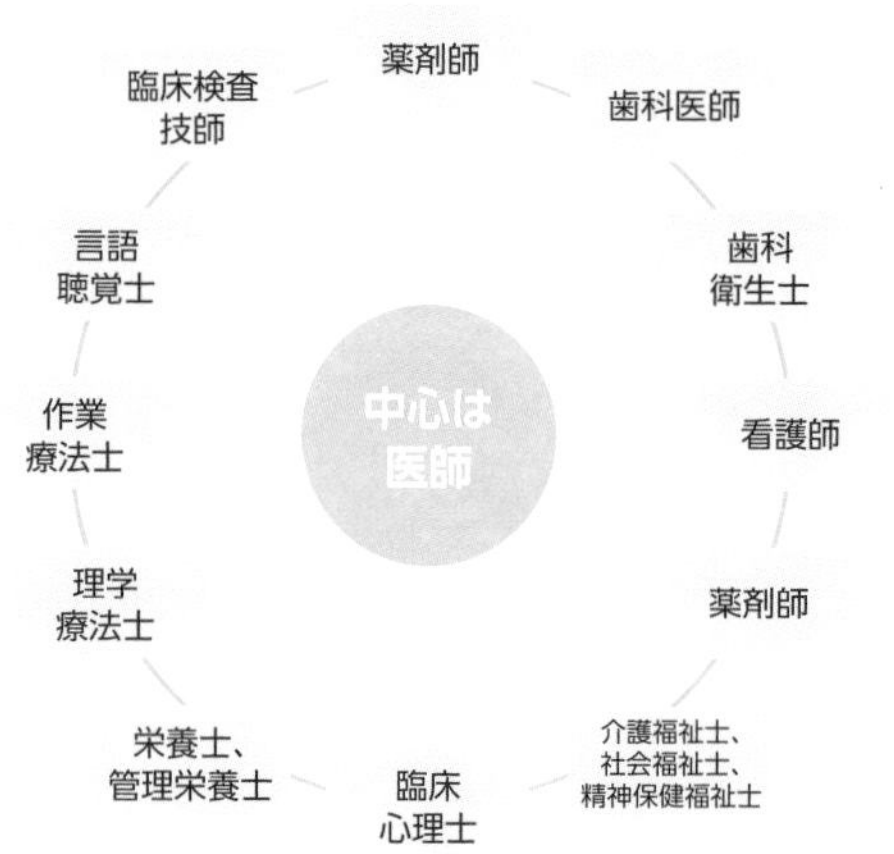


●医療の多職種連携チームのミッション

命を助ける／病気を治す／病気の症状を和らげる／病気を予防する等

## 介護の多職種連携チームと、そのミッション

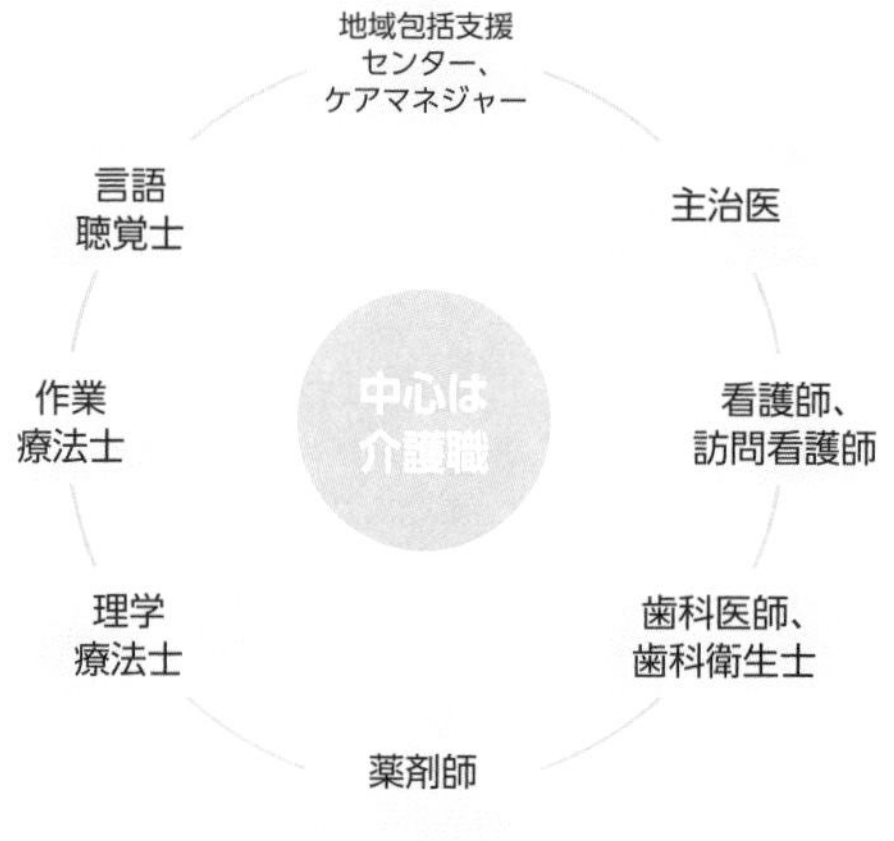


●介護の多職種連携チームのミッション

要介護になった利用者が自立した生活ができるように支え、
住み慣れた地域で残りの人生を有意義に過ごすお手伝いをする

# 4 介護の専門性を考える

ここであらためて、介護職の専門性について考えてみましょう。

## 介護が目指すものとは?

おむつを素早く交換したり、短時間で何人もの食事介助ができたりするといったことは非常に大切だと思いますが、本当の意味での「介護の専門性」になるのかは疑問が残ります。

画一的にお世話をするお世話型介護には、過剰な介助（過介助）の問題があります。例えば排泄がうまくできない高齢者におむつを装着することは、トイレ介助がなくなるので、介助者にとってはおむつ交換より楽になります。しかし同時に、本人が自分の力でトイレに行く機会を徐々に奪ってしまうことにつながるのです。

現在の介護現場では、高齢者のために生活援助や介助を行うことが大多数を占めています。けれども介護者が代わりにやってあげればあげるほど、本人の残存能力を奪ってしまう可能性が極めて高いという矛盾をはらんでいるのです。

## どちらも必要

一生懸命お世話をして利用者から感謝される。それにもかかわらず利用者のADLがどんどん悪化していく。そこにジレンマや矛盾を感じている介護職は少なくないのではないでしょうか。

介護に携わる者はここで原点に立ち返り、改めて「介護の専門性とは何か」を考え直してみるべきだと思います。

こんなふうにお話しすると、お世話型介護を行っている介護職の中には、自分たちの存在や、これまでやってきた介護を否定されていると感じる人がいるかもしれませんが、決してお世話型の介護を否定しているわけではありません。

お世話型介護と、質の高い自立支援介護は対立するものではなく車の両輪のように利用者にとってどちらも必要なのです。「元気になれる利用者は介護職で元気にしましょう」ということなのです。お世話型介護も、質の高い自立支援介護も両立するのが「介護」なのです。

## お世話型介護と質の高い自立支援介護は対立軸ではない

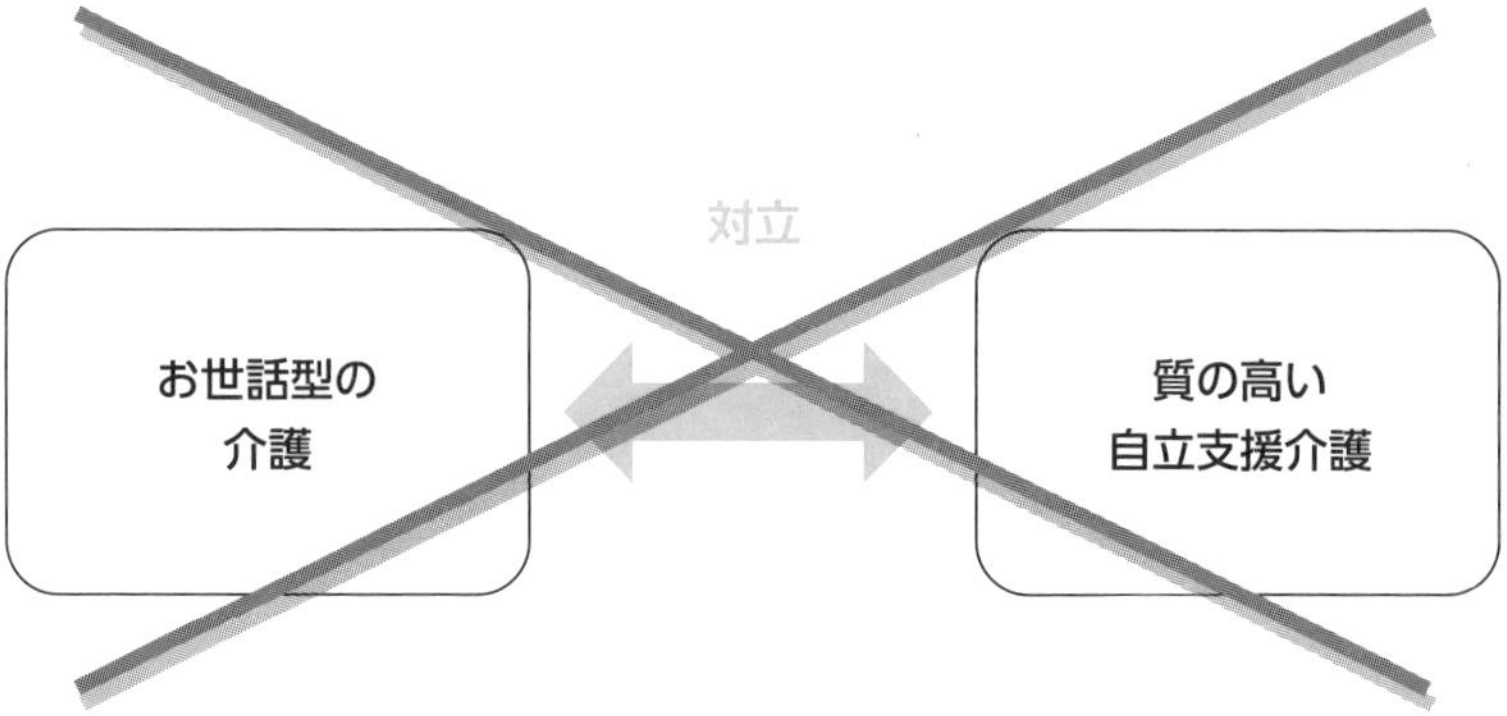


## お世話型介護と質の高い自立支援介護の違い

### お世話型介護の定義と主な例

日常生活に支援が必要な
高齢者の活動を援助し、
必要に応じた介助を提供する

・利用者の代わりに買い物に行ってあげる
・掃除、洗濯をすべてやってあげる
・食事介助を行う
・入浴時に体を全部洗ってあげる
・排泄がうまくできない利用者にはおむつを装着して、おむつ交換等の排泄介助をする

### 質の高い自立支援介護の定義と主な例

できる限り自身の力で生活できる
ことを目指して、元気になれる
利用者は介護職で元気にする

・利用者と一緒に買い物に行く
・利用者に洗濯物をたたんでもらうなど、できることは自分でやってもらい、徐々にできることを増やしていく
・食事介助はせず、自分のペースで食べてもらう
・入浴時も、体を洗うなど利用者ができることは自分でやってもらう
・排泄がうまくできない利用者は、上げ下ろししやすいリハビリパンツにして、パンツの上げ下ろしは利用者自身にしてもらうなど、できることを徐々に増やしていく

お世話型の介護も必要。しかし元気になれる利用者には、質の高い自立支援介護を行って、自立支援・重度化防止を目指す。どちらか一方ではなく、利用者の状況に合わせてどちらもできることが大切

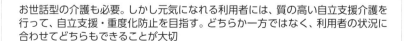

## 専門性を高めれば給料はついてくる

介護の専門性について、もう1つ筆者が感じていることがあります。

２０２４（令和６）年度の介護報酬改定では、旧処遇改善加算、旧特定加算、旧ベースアップ等加算の3つの旧加算制度が、介護職員等処遇改善加算に1本化されました。このことでより多くの事業所が加算を算定しやすくなり、介護職の給料も上がることが見込まれています。

けれども介護職が介護の専門性を上げる以前に、介護人材を確保するという理由だけで国が公費を使って介護職の賃上げを行うことについては、筆者はあまり賛成できません。

国の処遇改善加算により介護職の給料が上がれば、それに伴って介護の専門性は上がるのでしょうか？　質の高い介護によって介護職が専門性を高めれば、その結果として給料がついてくるのではないでしょうか。

## 科学的介護の時代こそ自立支援介護

では、そもそも介護の専門性とは何でしょう。２０１６（平成28）年の第2回未来投資会議において安倍総理（当時）が「予防・健康管理と自立支援に軸足を置いた新しい医療・介護システムを２０２０年までに本格稼働させる」と宣言したときから、科学的介護が始まりました。

筆者は、質の高い自立支援そのものが介護の専門性だと考えています。中でも、自立支援介護には高い専門性が求められます。

第2章でも述べましたが、自立支援介護を行うために介護職は、利用者の話を傾聴し、利用者が真に望んでいる目標を引き出すためのコミュニケーション能力、コーチング力やアセスメント（課題把握）力、ロジカルシンキング力など多くの能力が必要とされます。そのために、さまざまな理論や実践法を学ばなければなりません。

「利用者が元気になるまで絶対にあきらめない」という覚悟も必要です。

介護職のミッションは利用者が自立した生活を送れるように支え、住み慣れた地域で残りの人生を有意義に過ごすお手伝いをすることです。

それは介護保険法全体を貫く理念でもあります。

繰り返しになりますが元気になれる利用者は介護職で元気にしていくのが介護の専門性だと考えます。

## 介護保険制度全体を貫く理念（介護保険法）

第一章　総則

（目的）

**第一条**　この法律は、加齢に伴って生ずる心身の変化に起因する疾病等により要介護状態となり、入浴、排せつ、食事等の介護、機能訓練並びに看護及び療養上の管理その他の医療を要する者等について、これらの者が尊厳を保持し、その有する能力に応じ自立した日常生活を営むことができるよう、必要な保健医療サービス及び福祉サービスに係る給付を行うため、国民の共同連帯の理念に基づき介護保険制度を設け、その行う保険給付等に関して必要な事項を定め、もって国民の保健医療の向上及び福祉の増進を図ることを目的とする。

（国民の努力及び義務）

**第四条**　国民は、自ら要介護状態となることを予防するため、加齢に伴って生ずる心身の変化を自覚して常に健康の保持増進に努めるとともに、要介護状態となった場合においても、進んでリハビリテーションその他の適切な保健医療サービス及び福祉サービスを利用することにより、その有する能力の維持向上に努めるものとする。

2 国民は、共同連帯の理念に基づき、介護保険事業に要する費用を公平に負担するものとする。

※下線や色指定は著者による

## 第2回未来投資会議（平成28年11月10日）での安倍元総理発言（抜粋）

団塊の世代が75歳を迎える2025年は、すぐそこに迫っています。健康寿命を延ばすことが、喫緊の課題です。この2025年問題に間に合うように予防・健康管理と自立支援に軸足を置いた新しい医療・介護システムを2020年までに本格稼働させていきます。

医療では、データ分析によって個々人の状態に応じた予防や治療が可能になります。ビッグデータや人工知能を最大限活用し、予防・健康管理や遠隔診療を進め、質の高い医療を実現していきます。

日本の隅々まで質の高い医療サービスが受けられる、高齢者が生き生きと暮らせる、かつ、それは社会保障費が減っていくことになるわけでありまして、これらを一気に実現する医療のパラダイムシフトを起こしていかなければいけません。

介護でも、パラダイムシフトを起こします。これまでの介護は、目の前の高齢者ができないことをお世話することが中心でありまして、その結果、現場の労働環境も大変厳しいものでもありました。これからは、高齢者が自分でできるようになることを助ける自立支援に軸足を置きます。本人が望む限り、介護は要らない状態までの回復をできる限り目指していきます。

見守りセンサーやロボット等を開発し、そして導入し、介護に携わる方々の負担を軽減するとともに、介護現場にいる皆さんが自分たちの努力、あるいは能力を生かしていくことによって、要介護度が下がっていく達成感をともに味わうことができるということは、専門職としての働きがいにつながっていくということではないかと思います。

スピード感をもってパラダイムシフトを起こすため、特定の先進事例を予算などで後押しするだけではなく、医療や介護の報酬や人員配置基準といった制度の改革に踏み込んでいきます。

目標時期を明確にし、そこから逆算して実行計画を決めます。

出典：首相官邸ホームページ「第2回未来投資会議」
（https://www.kantei.go.jp/jp/singi/keizaisaisei/miraitoshikaigi/dai2/gijiyousi.pdf）を基に著者抜粋、色指定

# 5 あるべきケアマネジメントとは何か？

介護予防・重度化防止に向けて「ケアマネジメントはどうあるべきか」について考えていきます。

## 御用聞き型のケアプランになっていないか？

「利用者主体のケアプラン」という言葉をよく耳にします。しかしこの言葉は、抽象的であり人によって解釈が異なります。

例えば「歩くのがつらいから、買い物を頼みたい」、あるいは家族から「入浴が大変だから、デイサービスに行ってお風呂に入ってきてほしい」といった要望があるとします。

その要望を受けて、ケアマネジャーが単に家事援助や、週2回のデイサービス等を組み込んだケアプランを作成した場合、はたしてこの計画で利用者は元気になれるのか、と問われると難しいといわざるを得ません。

## ニーズとウォンツは違うもの

ニーズ（needs／必要性）とウォンツ（wants／不足を補う手段）は異なるものです。「買い物をしてほしい」は利用者のウォンツであり、利用者の本質的なニーズは「再び歩けるようになって買い物に行きたい」なのです。

「寄り添う」「利用者本位」といった抽象的な言葉で、問題を見えづらくしてしまってはいけません。「利用者が残りの人生を有意義に過ごしていくために解決しなければいけない課題は何か？」を常に探りながら、アセスメントを行い、課題解決の視点でケアプランを立てていくのが自立支援介護のケアマネジメントです。

ときに、ICFの理論等を盾に「車いすで買い物に行って何が悪いのだ」と主張する人がいます。この主張には2つの誤解があるように感じます。

1つ目は高齢者と障害者を完全に1つのフィールドで議論していることです。質の高い自立支援により、車いすが必要なくなる高齢者もいれば、そうでない高齢者もいます。ましてや、例えば生まれてから1度も歩行を経験していない障害者に歩いて買い物に行きましょうとは決していいません。高齢者と障害者のケアは同じではないということです。

もう1つは、どのような高齢者にどのようなケアを提供すれば歩けるようになるのか、その理解ができていない点です。

もしかすると、自立支援介護の知識や経験値が少ないために、車いすが必要なくなるという推測ができなくて、「車いすでもいいじゃないか」という主張になってしまうのかもしれません。

しかし歩けるようになることがわかっていて、そのためのケアプランニングやリハビリテーションを行わずに、車いすで買い物に行くことを続けさせるのは疑問が残るのです。

## 8領域21ニーズ

利用者や家族のニーズをいかにとらえるかについて、竹内孝仁先生が考案した高齢者のアセスメントツール「8領域21ニーズ」を下に掲載する。
高齢者の課題は左列の8領域あり、それぞれ右列に解決すべき21のニーズがある。正しいニーズを発見して自立支援介護のケアマネジメントを実践する際の参考にしてほしい。

| | |
|---|---|
| 領域1　健康管理 | 1. 慢性疾患の管理（療養） |
| | 2. 看護処置 |
| | 3. ふだんの体調 |
| | 4. 歯と口腔 |
| 領域2　ADL・日常行動 | 5. 自立・重度化防止 |
| | 6. 規則的生活 |
| | 7. 認知症症状の軽減 |
| 領域3　介護負担 | 8. 動作別負担 |
| | 9. 時間帯別負担 |
| 領域4　家事 | 10. 食事・食生活 |
| | 11. 掃除・整理 |
| | 12. 洗濯 |
| | 13. 生活管理全般 |
| 領域5　経済 | 14. 収入 |
| | 15. 支出 |
| | 16. 金銭管理 |
| 領域6　家族関係 | 17. 家族関係 |
| 領域7　社会交流 | 18. 本人の社会交流 |
| | 19. 介護者の社会交流 |
| 領域8　ストレス | 20. 本人のストレス |
| | 21. 介護者のストレス |

出典：『ケアマネジメントの職人　完全版』（竹内孝仁著、年友企画刊）P.55

# 6 ケアマネジャーに必要な「覚悟」とは

囲い込み問題やケアプランの質――今ケアマネジャーのあり方が問われています。

## 「囲い込み」の問題

不適切なケアマネジメントとして「利用者の囲い込み」の問題があります。

高齢者向けの住まいに通所介護・訪問介護などの事業所が併設されている場合や、併設されていなくても同じ法人内で運営されている場合は、ケアマネジャーは自分の系列のデイサービスを紹介するのが、介護経営の常とう手段のようになっています。

しかし市場原理に基づいて考えれば、世の中から必要とされるデイサービスは残り、そうでないデイサービスは淘汰されていくのが、あるべき姿だと思います。

## 居宅介護支援事業所もトップの覚悟が必要

筆者は、創業以来利用者の囲い込みは絶対にしないと決めています。囲い込みを行えば、自分たちのデイサービスに競争力すなわち、お客様に選ばれる力がつかないと考えたからです。

医療機関からの要請で緊急で介護保険を使うケースがあるので、ケアマネジャーはいますが、全国74か所（2024年6月末現在）ある事業所の中で2人しかいません。あとはすべて、ほかの法人のケアマネジャーからの紹介で運営しています。

けれども実は最近方針を変えていいます。利用者は質の良いケアプランでないと元気になれません。では不適切なケアプランだった場合は、元気になることをあきらめなくてはならないのでしょうか？

そんなことはあってはなりません。そのために筆者の事業所では、利用者が元気になるのに不十分なケアプランの場合は、本来のサービス提供者会議の目的もそうですが、事業所内で自立支援介護の通所介護計画書を立ててケアマネジャーに逆提案したりしています。しかしこのことは現場にとっては大きな負担になります。そこで方針を変えて、今後は自社で優秀なケアマネジャーを育てようと考えているのです。

## ケアマネジメントの流れ

**アセスメント**

・利用者の置かれている状況の把握
・生活上の支障・要望などに関する情報を収集
・心身機能の低下の背景・要因を分析
・解決すべき生活課題（ニーズ）と可能性を把握

→ 予後予測 →

**ケアプラン（原案作成）**

・総合的な援助方針、目標（達成時期等）を設定
・目標達成のために必要なサービス種別、回数等を設定

→

**サービス担当者会議等**

・ケアプラン原案に関して各サービス提供事業者から専門的な視点で検討調整、認識を共有（多職種協働）し、利用者への説明・同意を得てプラン決定

→ サービス提供 → 給付管理 →

**モニタリング評価**

・予後予測に基づく再アセスメント

出典：厚生労働省「ケアマネジメントのあり方（参考資料）」（社会保障審議会介護保険部会第57回、参考資料3、平成28年4月22日）（https://www.mhlw.go.jp/file/05-Shingikai-12601000-Seisakutoukatsukan-Sanjikanshitsu_Shakaihoshoutantou/0000122362.pdf）

アセスメントの項目に「解決すべき生活課題（ニーズ）と可能性を把握」「予後予測」とあり「モニタリング評価」の部分には「予後予測に基づく再アセスメント」と記されている。またサービス担当者会議等では「各サービス提供事業者から専門的な視点で検討調整、認識を共有し」とある。しかし、これらの内容は現実と大きくかけ離れており、ケアプランに「予後予測」はなく、サービス担当者会議等はケアマネジャーの一方的な意見で終始している。筆者は、本来ケアプランの流れは上図のようにあるべきだと考える。

## サービス担当者会議のあり方

**ケアマネジャー**

・サービス担当者会議の司会、進行
・アセスメント結果の報告とケアプラン原案の提示

**利用者（家族）**

希望する生活やサービス利用の意向

**協議の内容**

・利用者（家族）の希望等確認
・目標（長期・短期）の決定
・ケアプランの策定
・提供サービスの決定

**主治医**

疾病の予後予測、医学的管理や医学上の留意点に関する情報提供、意見等

**福祉用具・住宅改修事業者等**

必要に応じて参加

**居宅サービス事業者**

訪問看護ステーションをはじめそれぞれの専門サービスの実施上の課題と解決方法、今後の方針の確認

出典：河内長野市「サービス担当者会議ガイドライン」第1版
（https://www.city.kawachinagano.lg.jp/uploaded/attachment/1328.pdf）

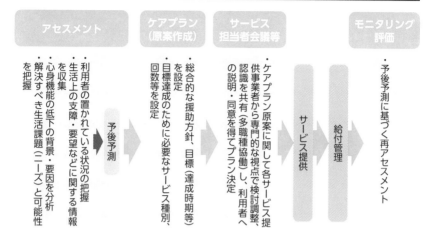

# 7 ケアマネジャーに介護度改善インセンティブを

ケアマネジャーの質とモチベーションアップに必要なこと、とは何かを考えます。

## ケアマネ不要論について

「ケアマネジャーの仕事が、利用者や家族の要望を伝えるだけになっている」などの理由から、ケアマネ不要論が業界内でささやかれた時期がありました。2024（令和6）年度の介護保険法改正では見送られましたが、ケアプラン有料化の議論もあり、ケアマネジャーの将来性を危惧する声もあります。

けれども、ケアマネジャーは日本の介護保険制度の土台であるケアマネジメントを担う専門職です。介護保険制度の根幹が覆らない限り、ケアマネジャーが不要になったり資格が廃止されたりすることはあってはなりません。

## 責任と専門性に見合ったインセンティブが必要

国も主任ケアマネジャー（主任介護支援専門員）を創設したり、5年ごとの更新時に研修を実施したりするなど質の高いケアマネジャーを育てようとしていますが、資格試験の受験者数そのものが減少しています。

ケアマネジャーの仕事は、多くのことが要求され一生学びが必要です。それにもかかわらず常勤のケアマネジャーの平均月収は、事業所の支援加算や補助金の取得状況にもよりますが、令和4年度介護従事者処遇状況等調査では、36万円程度で年収では430万円あまりです。ケアマネジャーを志す人の減少は、専門性と責任に見合った報酬が得られないことも一因でしょう。

高齢者が元気になれるかどうかはケアマネジャーの力量にかかっています。筆者はケアマネジャーの報酬がもっと上がって、年収1千万を超えるようなスーパーケアマネジャーが出てきてもよいのではないかと思います。

元気になれる高齢者はちゃんと元気にするというアウトカム（結果）に対し、それに見合ったインセンティブが支払われる。それが質の高いケアマネジャーを増やし、ひいては元気な高齢者が増えることにつながっていくと考えています。

# 8 ケアマネジャーも介護事業所も選ばれる時代に

アウトカムを出すケアマネジャーが選ばれる――ケアマネジャーにも淘汰の時代がきています。

## ケアマネジャーの評価が始まる

インターネットの書き込みなどから、医者や病院を選べる時代になりました。これからはケアマネジャーも評価される時代がくると思います。

神奈川県川崎市でケアマネジャーを中心とした、チームによる介護度改善の成果を評価するインセンティブ制度がスタートしたときに、ケアマネジャー達やその業界の意見が真っ2つに割れたといいます。「良いケアプランを立てて要介護度を改善すれば報酬が付与される。すばらしいことだ」という人と、「ケアプランを評価するなんてありえない」という人に分かれたのです。

しかし、国が自立支援・重度化防止に軸足をおいた介護へと政策の舵を切った以上、これからは、いやが応でもケアマネジャーの評価が始まると予測しています。LIFEによりケアマネジャーにもフィードバックがくると、当然のことながら利用者の介護度が改善されているか、いないかがあきらかになります。

Aという居宅介護支援事業所は介護度が改善しないどころか、どんどん悪化している。一方のBという居宅介護支援事業所は介護度改善率が高く、利用者が元気になって介護給付費の抑制につながった、というようにケアマネジメントの優劣があきらかになれば、国や自治体は質の良い介護を計画している事業所に必ずインセンティブを出すようになると筆者は考えています。

## 本格化する淘汰の時代

介護サービスと同様に、ケアマネジャーも淘汰の時代がきているというわけです。2024（令和6）年度の介護報酬改定で、訪問介護の基本報酬が引き下げられました。これはどういうことを意味しているのか、介護に携わるすべての人が考えるべきときがきているのです。

介護の世界でもっとも足りないものは「介護の専門性とは何か」という介護哲学なのだと思います。

事例

# 神奈川県川崎市の要介護度改善インセンティブ制度「かわさき健幸福寿プロジェクト」

神奈川県川崎市では、高齢者の自立支援に向けた質の高いケアを評価する仕組みの構築を目指して2014（平成26）年度より「かわさき健幸福寿プロジェクト」をスタートさせました。

居宅介護支援事業所とケアマネジャーが中心となり、多職種との連携により高齢者の自立支援に向けた質の高いケアを評価するという取り組みです。

対象期間中に「要介護度の改善」または「ADL等の一定以上の改善」等の成果指標を満たした場合には、1事業所につき5万円程度の報奨金を支給するなどのインセンティブが付与されます。

第1期～第5期の累計で、約2千400人の介護サービス利用者、延べ4千100事業所が参加しました。市が参加事業所に行ったアンケートによると、全期において、在宅系、施設・居住系それぞれ8割を超える事業所から、プロジェクトに参加したことで何らかのプラス面の影響があったと回答を得ています。

## かわさき健幸福寿プロジェクトの特徴

『チームケア』による介護サービスの成果を評価！

居宅介護支援事業所（ケアマネジャー）を中心とした、多職種の連携による相乗効果により、質の高いサービスの提供を行い、その成果について評価を行います。

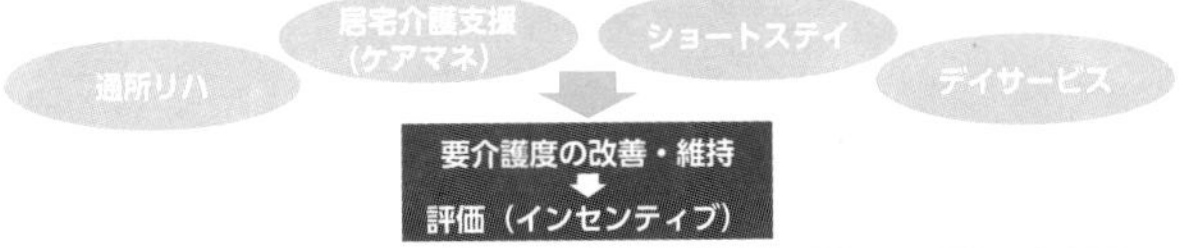


特別養護老人ホームやグループホームにおいても同様に、配置される様々な職種の職員間連携によるチームケアを評価しています。

## 評価方法

<要介護度>

令和5年7月1日時点と比べて、期間終了時点で改善した場合。その他、改善に至らなかった場合であって、同一の要介護度を一定期間を超えて維持した場合

<ADL等>（変化を測るため、認定調査票における能力評価の調査18項目を指標として用いる）

令和5年7月1日時点と比べて、期間終了時点で改善した場合（ADL改善の評価は、直近の要介護認定時に、本市の認定調査を受けている方に限る）

出典：上下とも川崎市「かわさき健幸福寿プロジェクト 要介護度等改善・維持評価事業について」（https://www.city.kawasaki.jp/350/cmsfiles/contents/0000143/143293/8thshokai.pdf）

## 参加事業所からのアンケート結果

◆プロジェクトに参加したことによる事業所へのプラス面の内容

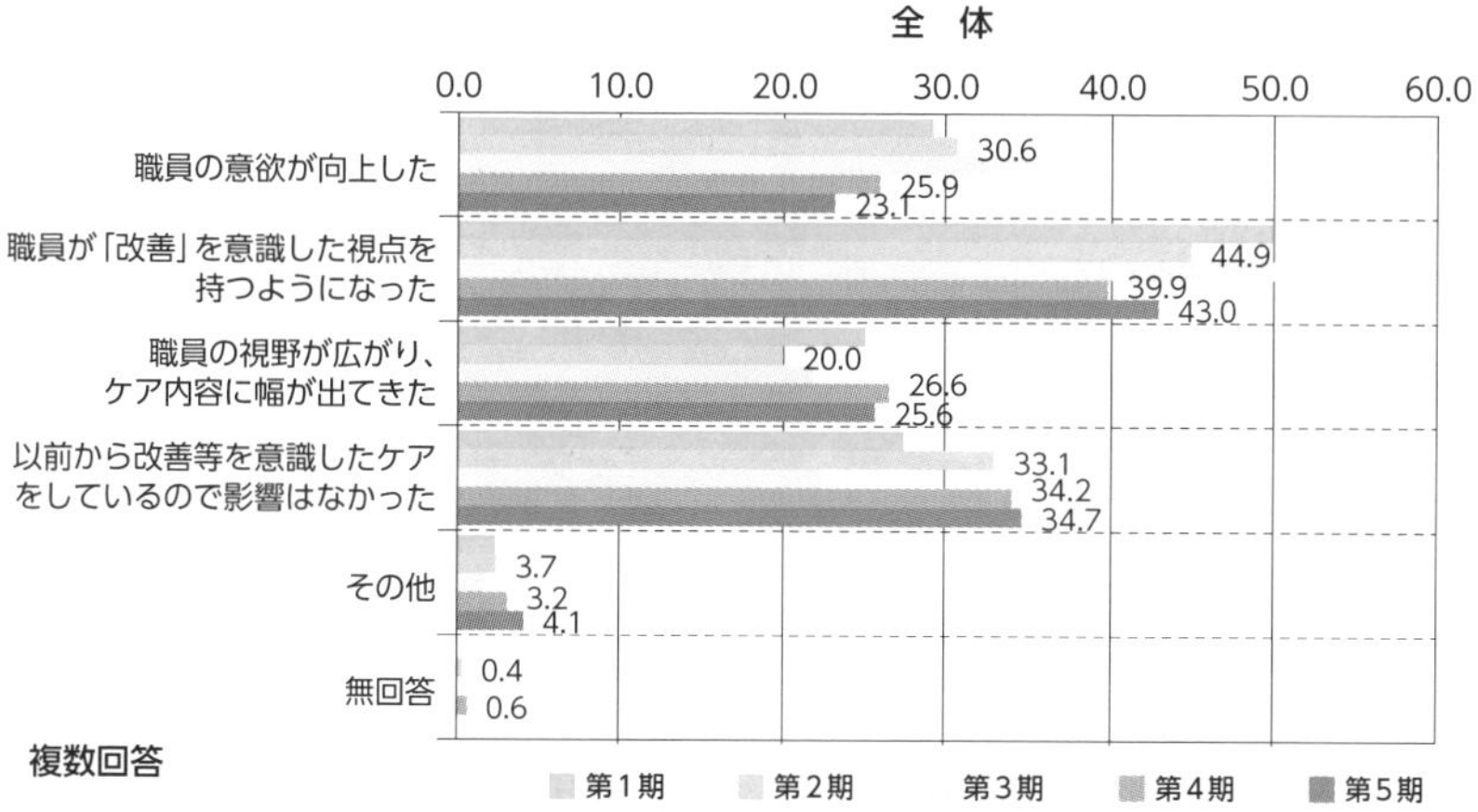


**第3期以降において、意欲の向上よりも、「改善意識」や「職員の視野」の割合が高い。**

## 要介護度改善・維持率について全国平均との比較

**◆第1期〜第5期　改善率・維持率の比較（全体）**

プロジェクト参加者における維持を国が定義する維持に置き換え、プロジェクト参加者と全国平均との改善率等の比較を行った。全国平均は、例年、厚生労働省より公表される介護給付費等実態調査結果を参考とした。

全国平均　要介護区分変更割合　介護給付費等実態調査の概況（国基準）

| | □ 軽度化 | □ 維持 | ■ 重度化 |
|---|---|---|---|
| H28.4-H29.3 [2,935千人] | 9.9% | 72.0% | 18.2% |
| H29.4-H30.3 [3,049千人] | 8.8% | 73.2% | 17.9% |
| H30.4-H31.3 [3,128千人] | 8.7% | 74.1% | 17.2% |
| H31.4-R2.3 [3,180千人] | 8.6% | 73.7% | 17.7% |
| R2.4-R3.3 [3,245千人] | 4.8% | 83.5% | 11.7% |

プロジェクト参加者　要介護区分変更割合　かわさき健幸福寿プロジェクト参加者（国基準）

| | □ 軽度化 | □ 維持 | ■ 重度化 |
|---|---|---|---|
| 第1期[180人] H28.7-H29.6 | 17.8% | 67.2% | 15.0% |
| 第2期[447人] H29.7-H30.6 | 15.0% | 68.7% | 16.3% |
| 第3期[554人] H30.7-R1.6 | 17.1% | 66.2% | 16.6% |
| 第4期[363人] R1.7-R2.6 | 20.1% | 64.2% | 15.7% |
| 第5期[298人] R2.7-R3.6 | 6.7% | 81.9% | 11.4% |

＊第5期については、新型コロナウイルス感染症にかかる要介護認定の臨時的な取り扱いにより、従来の要介護状態区分の引継ぎ、延長があったため、維持率が高いと要因である。

**5期を通じて、改善率（軽度化率）はプロジェクト参加者が全国平均より上回っていることが確認できた。**

出典：上下とも川崎市「かわさき健幸福寿プロジェクトこれまでの取組み結果」
（https://www.city.kawasaki.jp/350/cmsfiles/contents/0000143/143293/7thtorikumi.pdf）

# 9 寝たきりの高齢者をつくる原因

介護が必要になる原因や、寝たきりをつくる要因について考えてみましょう。

## 介護が必要になる原因

高齢になると、内臓疾患のほかに、転倒や骨折などのケガが増えて入院することが多くなります。令和元年度国民生活基礎調査によると、要介護が必要になった主な原因は「認知症」が18.1%ともっとも多く、次いで、「脳血管疾患(脳卒中)」が15.0%、「高齢による衰弱」が13.3%、「骨折・転倒」が13.0%となっています。上位4つが要介護になった原因の半数以上を占めています。

## 気がつくと歩けなくなっている

病気や高齢による衰弱、転倒骨折などがきっかけになって、体を動かさずに安静状態を続ける高齢者が少なくありません。

このように安静状態が続くと、使われなくなった関節は徐々に硬くなって筋肉も萎縮していきます。気がつくといつの間にか「歩けない」「寝たきり」になっていることが多いのです。

またがんなどで入院して、入院中に歩けなくなるなど廃用が進む高齢者も珍しくありません。入院中に廃用が進んで、退院後自宅での生活が困難な場合には、老人保健施設や特別養護老人ホームに入所することになります。しかしそのような施設であっても、しっかりしたリハビリテーションを受けられるところは少ないのが現状です。また、病院のリハビリテーション室にある平行棒では歩けていたのに、介護施設に入った途端に、転倒の危険があるからと車いすを使用することになり、そこからどんどん廃用が進んでいくことも少なくありません。

車いすの使用は転倒防止の視点もありますが、施設側からみると車いす移動のほうが管理をしやすいこともあるのでしょう。しかしこれが寝たきりを増やす一因にもなります。筆者は総じてこれらを「医介原生サルコペニア」「医介原性生活不活発病」などと呼んでいます。寝たきりの状態は医療・介護側でつくられることも多々あるのです。

## 65歳以上の要介護者等の性別に見た介護が必要な理由

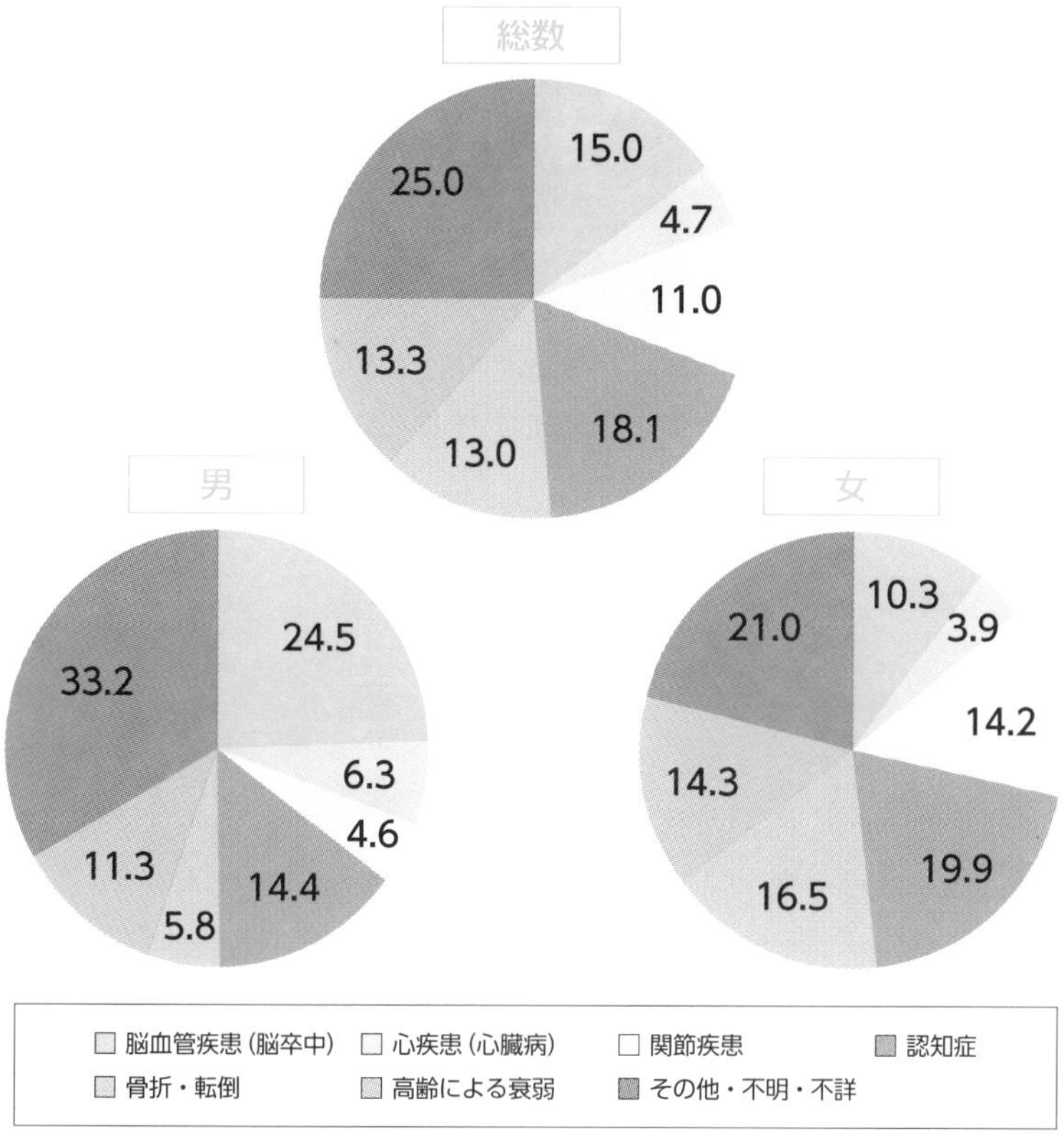


資料：厚生労働省「国民生活基調調査」（令和元年）
（https://www.mhlw.go.jp/toukei/saikin/hw/k-tyosa/k-tyosa19/index.html）
（注）四捨五入の関係で、足し合わせても100.0%にならない場合がある。

出典：内閣府「令和４年版高齢社会白書」
（https://www8.cao.go.jp/kourei/whitepaper/w-2022/html/zenbun/s1_2_2.html）を基に著者作成

## 要介護状態のリスクとなるもの

| | |
|---|---|
| フレイル（虚弱） | 加齢により筋力や活動が低下している状態 |
| サルコペニア | 加齢による筋肉量の減少及び筋力、心身機能が低下した状態 |
| ロコモティブシンドローム | 運動器の障害のために要介護状態にあることや要介護のリスクが高い状態、移動機能の低下をきたした状態 |
| 廃用症候群 | 過度に安静にすることや、活動性が低下したことによる身体に生じたさまざまな状態 |

# 10 高齢者の自立を阻む「廃用症候群」

高齢者は知らないうちに廃用が進んで、寝たきりにつながるケースが少なくありません。

## 過度な安静が「廃用」をつくる

長期間安静や運動量が減少した状態が続くと、筋肉や関節だけでなく内臓機能等も低下していきます。このように体のさまざまな機能低下によって、日常生活の自立度が低下した状態を「廃用症候群」といいます。イメージとしては病気やケガの周りをたくさんの廃用が覆っている状態です。

廃用症候群は、病気やケガをしたときの安静や運動制限がきっかけでなることが多く「生活不活発病」とも呼ばれます。その名のとおり「歩きづらい」「立ちづらい」等、動作性の低下があると生活の行動範囲が狭まります。すると歩かないためにますます歩けなくなります。このことが動作性の低下を招く負のループをつくり、やがて寝たきりの生活へとつながっていくのです。

誰にでも廃用症候群になる可能性はありますが、高齢者は特に進行が早く、わずか2週間寝たままの状態が続くと、筋肉量がおよそ4分の1にまで低下するといわれています。

また一度廃用症候群になると、回復するには廃用症候群に陥っていた期間の数倍の期間が必要といわれています。

## 介護の力で元の生活に戻す

介護職は医師と違って、直接病気にアプローチすることはできません。しかし介護職は自立支援介護により、病気やケガの周りを覆う廃用を一つずつ取り除き、廃用症候群からの脱却を図ることができます。それが介護に携わる者の使命だと考えています。まだ歩くことができるのに転倒リスクを心配するあまり歩行の支援をしないのは、介護職としてとても残念なことです。

廃用症候群は、軽度の人よりも重度の人のほうが改善の余地が高いといわれています。体の不具合で歩けなくなった、あるいは寝たきりになった高齢者をもう一度元の暮らしに復帰させることは、医療には担えない介護の専門領域であり、このことに取り組むことこそが重要です。

## 病気・ケガを取り巻く廃用症候群

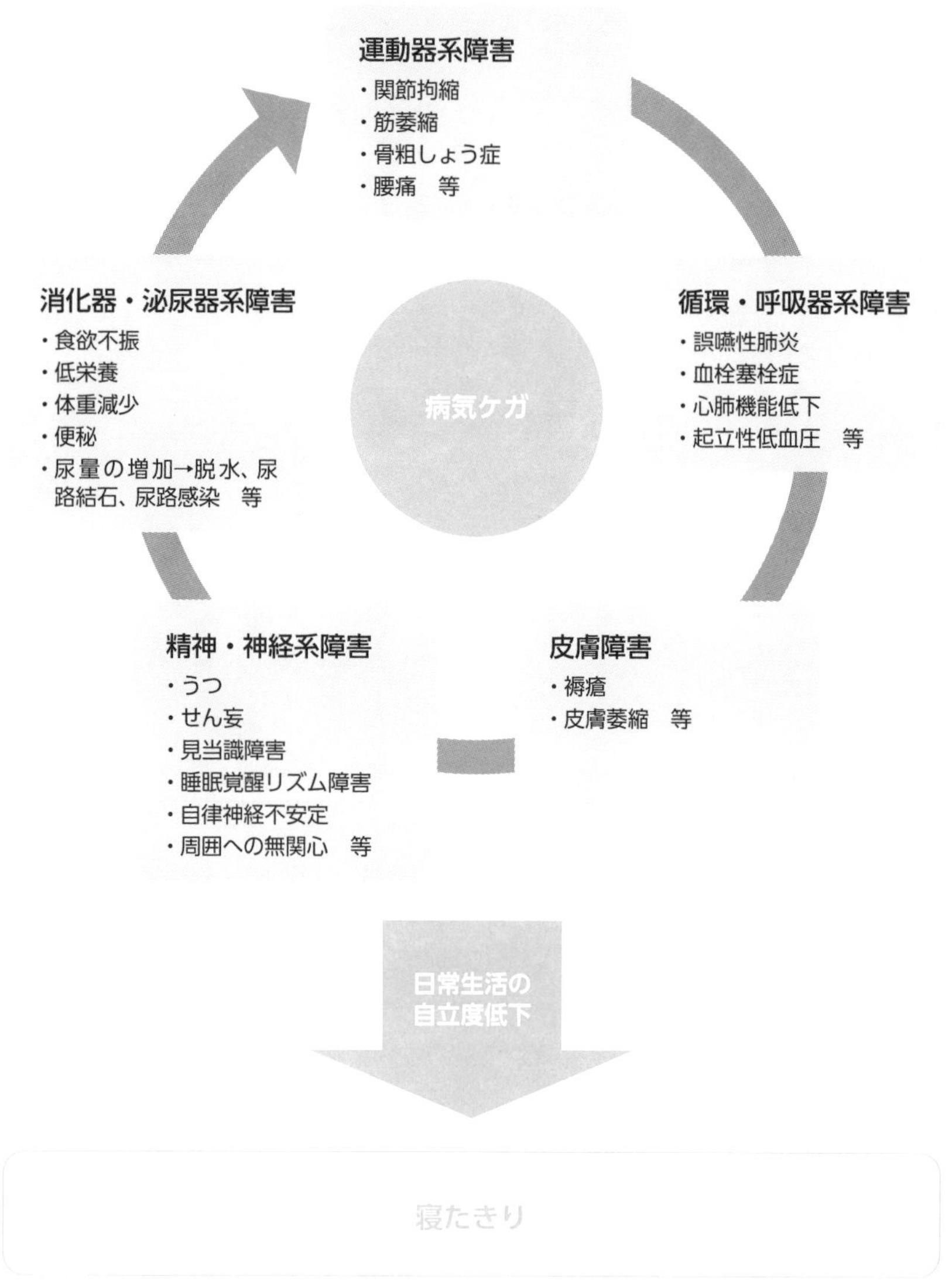


介護職は医師のように直接病気にアプローチはできないが、過度の安静によって起こった廃用の悪循環を断ち切って、要介護高齢者を元いた世界に復帰させることができる。それが介護職のミッションでもある。

コラム

# 生産性向上のための取り組み②

## 業務改善に向けた取り組み

介護現場における生産性向上の具体的な取り組みについて、40ページでご紹介した厚生労働省の「介護分野における生産性向上ポータルサイト」で公表されている「介護サービスにおける生産性向上のための7つの取組」(https://www.mhlw.go.jp/kaigoseisansei/what/effort.html)から、このコラムでは次の2つを解説します。

### ①職場環境の整備

職場環境の改善や維持のために用いられる「5S」をご存じでしょうか。

整理、整頓、清掃、清潔、躾の頭文字からとった造語です。製造業やサービス業などでも使われますが、介護現場においても5Sは安全な介護を提供する環境づくりの基礎とされています。

- **整理**：要るものと要らないものを分けて、要らないものは捨てる。
- **整頓**：必要なものをすぐに取り出せる状態にする。定置、定品、定量が基本。
- **清掃**：転倒防止のために常に動線上をきれいにし、水滴などで滑らないようにする。
- **清潔**：整理、整頓、清掃を維持する。清潔なものと不潔なものとを分ける。
- **躾**：決められたことを、いつも正しく守る習慣をつける。

### ②業務の明確化と役割分担

現場では、しばしば特定のスタッフに負担が偏る傾向があり、残業が慢性化することがあるかもしれません。このような問題を解決するには、マスターライン（業務時間の区切りあるいはタイムリミット）を用いて人員体制や業務分担を見直し、業務全体の流れを再構築することが大切です。

1日の業務全体を時間の流れに沿って書き出し、業務時間をずらしたり、分割したりして役割分担を見直しながら、無駄な業務を省いていきます。このことで各業務が明確化します。また、マスターラインを守ることで1人に業務が集中することが防げます。残業削減も可能になります。

# 第4章

# 自立支援介護の実践

# 1 自立支援介護の3つの特徴

科学的介護に基づく自立支援介護を行うには、知識と実践力のほかに、それを支える志が必要です。

## 自立支援介護の3つの特徴

実践の解説に入る前に自立支援介護の特徴を押さえておきましょう。

**①介護職が中心に行う**

介護職が中心となり各専門職とチームを組んで要介護高齢者を元気にすることが介護職のミッションであり、介護の専門性だと考えます。

**②「歩行」を重視する**

すべてのADLとIADLは「マスターしたい動作（固有動作）」と「そこまでの移動動作（歩行等）」の組み合わせです。

トイレで衣服を下ろし便器に座って排泄する動作がマスターできても、自分でトイレまで行く移動動作ができなければ排泄の自立はできません。

逆に歩くことさえできれば、ほかのすべての生活上の動作は暮らしの中で練習できます。

要介護高齢者の目指すべき課題は、老化や病気などによって失われた「身体的な自立」です。自分の足で歩けるようになることが身体の自立につながり、QOL（生命・生活・人生の質）の向上につながっていくのです。

広く機能訓練型、リハビリ型といわれるデイサービスには、施設内に階段や段差を設けてあえて少し不便な状況をつくり、すべてのADLやIADLの訓練ができる仕掛けをしているところもあります。しかし、オペレーションが複雑で再現性が低い、つまりその施設に行ってかつ専門職でないと同じ効果が出しにくいなどのデメリットがある場合もあります。

機能訓練型と自立支援介護型のデイサービスを一概に比較できませんが、筆者は一定の質の高い効果を介護職だけで安全で効率的に行えるのは、最終的に自立支援介護ではないかと思います。介護職だけで行えて、かつ再現性が高いからこそ、直営やフランチャイズ化、開業支援等も可能になり、自立支援介護が全国に広がることで社会的なインパクトを生み出すことができるのです。逆にいえば、ある程度大きな

## ADLとIADLは「マスターしたい動作（固有動作）」と「そこまでの移動動作（歩行等）」の組み合わせ

ある程度の規模であれば、病院のリハビリテーション室には在宅復帰のためにトイレや浴室の設備があって、入院中に、作業療法士と一緒にトイレやお風呂の入り方の訓練を行う。しかし、退院時に歩けなくなっていれば自宅に帰っても、そもそもトイレまで移動ができない。自分の足でトイレに行って用を足さなければ排泄の自立ができたとはいえない。重要なのは、すべてのADLとIADLの根幹となる「歩行」なのである。

| マスターしたい動作（固有動作） | | そこまでの移動動作（歩行等） |
|---|---|---|
| **（例）病院でのリハビリテーション** | | **（例）退院したあとの自宅での困り事** |
| お風呂に入る動作 | → | **そもそもお風呂まで行けなければ入浴できない** |
| トイレ内での動作 | → | **そもそもトイレまで行けなければ排泄できない** |
| 包丁を持つなどの調理動作 | → | **そもそもキッチンまで行き、立てなければ調理できない** |

社会的なインパクトを生み出せない限り、この業界が抱えている諸問題は決して解決しないと考えています。

### ③「運動学習理論」に基づいて行う

歩く、自転車に乗るなど複雑な動作は、脳の運動学習の仕組みによって支えられています。高齢者が歩けなくなるのは、加齢や病気、ケガなどにより長期の入院や家に閉じこもって歩かなくなり、「歩き方」を忘れてしまったからです。そうした方に「歩きましょう」と言っても、すぐに歩けるようにはなりません。

長期活動が低下して使わなくなった筋肉を使える状態にして、歩くための準備を整える必要があります。

そこで、まずゆっくりとしたリズミカルな全身の軽い運動であるパワーリハビリテーション（以下、パワーリハ。100ページ参照）を行います。パワーリハで動作性を改善させて歩くための準備をするのです。歩く準備が整ったら次は、免荷装置がついたトレッドミルで繰り返し歩行練習を行い、歩き方を思い出して再び歩けるようにするのです。

## 5つの基本ケア

要介護高齢者が自立して元気になるには、介護職が高齢者の自立を阻む要素を一つひとつ丹念に取り除いていく作業が必要です。具体的には、竹内孝仁先生が提唱する①水分摂取、②食事、③便秘と不眠の改善、④運動の4つの基本ケアを行います。

筆者はこれに5番目の基本ケアとして、⑤モチベーションと意欲を推奨しています。

モチベーションと意欲は、寝たきりや車いすの状態で、元気になることをあきらめてしまっている利用者のモチベーションや意欲を引き出し、積極的に基本ケアに取り組んでもらうことです。これが極めて重要なのです。

これらの5つのケアを実施する上で非常に大切なことが3つあります。

1つは、どれかから始めるのではなく①〜⑤のいずれも「同時」に実施することです。このことにより、多くの利用者は驚くほどの歩行の改善が見られます。

2つ目は徹底的に行うこと。「試しにこれだけやってみる」とか「様子を見ながら、続けたり中断したりする」というような中途半端な実践では、高い効果は得られません。

そして3つ目は、デイサービスに来ていない日でも自宅で基本ケアをきちんと行い、最終的にはそれを習慣化することです。

## すべての日常生活の根幹は、歩行にある

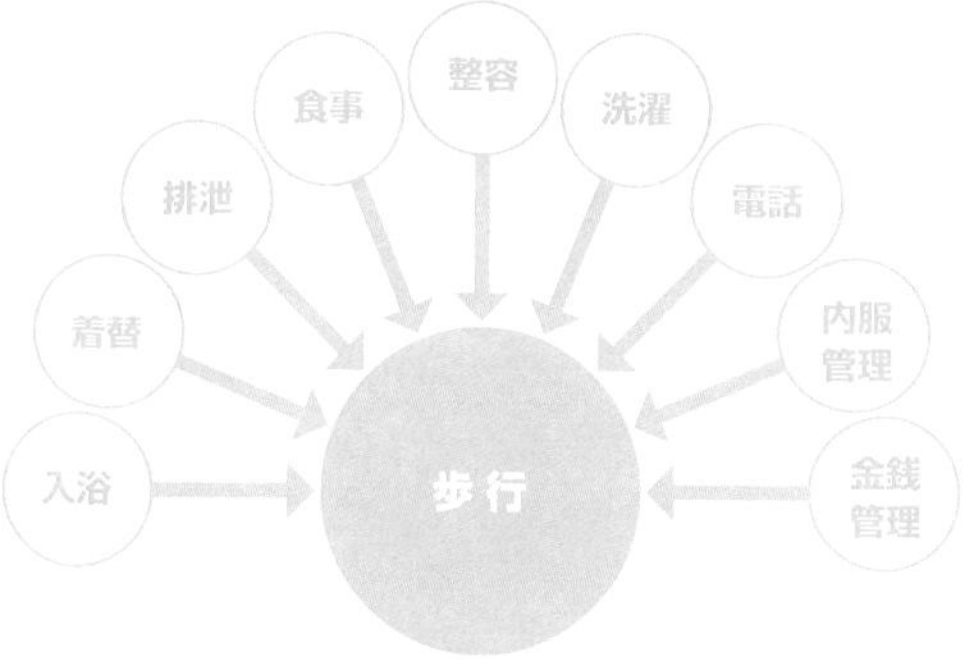

すべての日常動作においてもっとも重要であり、自立に向けてすべての活動の起点となるのが「歩行」である。

出典：『介護の生理学』（小平めぐみ・井上善行・野村晴美 他著、竹内孝仁監修、秀和システム刊）P.137図5-1を基に著者作成

## 5つの基本ケアと成功のポイント

①**水分摂取**：最低でも１日1500mlの水分補給を行う

②**食事**：常食で１日1500calのエネルギー量確保する

③**便秘と不眠の改善**：便秘、不眠の症状を改善して、結果的に減薬もしくは頓服にしてもらう

④**運動**：ゆっくりとしたリズミカルな全身の軽い運動で動作性を改善し、あとはひたすら歩く

⑤**モチベーションと意欲**：利用者のモチベーションと意欲を引き出し、積極的に元気になることに取り組んでもらう

**成功させる３つのポイント**

**「同時」に行う、「徹底的」に行う、「習慣化」する**

事例

# 兵庫県川西市の「介護度改善インセンティブ事業」にて表彰された3事業所の取り組み

兵庫県川西市が実施している「介護度改善インセンティブ事業 リハビリ型部門」において、2023（令和5）年度は、当社（株式会社 ポラリス）が2年連続で1〜3位を受賞することができました。

●第1位「ポラリスデイサービスセンター川西」：
改善割合68・9％

●第2位「ポラリスデイサービスセンター多田」：
改善割合65・8％

●第3位「ポラリスデイサービスセンター見野」：
改善割合62・5％

当社が運営するデイサービスが結果を出せているのは、結果にこだわって徹底的に実施し、デイサービスに来ていないときときでも基本ケアを自宅で習慣にしてもらえるように利用者をサポートしているのにほかなりません。次に受賞3事業所の介護度改善の取り組み事例をご紹介します。

### ポラリスデイサービスセンター川西：Aさん79歳の事例

◆利用開始時の状況

- 左脳梗塞を発症し、5年後に左脳梗塞を再発
- 麻痺はないが股関節に痛みがあり、活動量がとても少なかった

◆5か月後の状況

- 当初は自宅リビングから玄関まで転倒せずに移動できるか不安だったが、現在は自宅から杖を使用して、家族と近くの公園に行ったりバスに乗って買い物に行ったりすることができるようになった
- 今後の目標は、自宅から家族と一緒に阪神甲子園球場へ行き、阪神タイガース対横浜DeNAベイスターズの試合を見に行くこと

| | 利用開始時 | 5か月後 |
|---|---|---|
| バーセルインデックス（BI） | 合計75点 | 合計85点 |
| TUGテスト | 29秒48 | 20秒13 |

※バーセルインデックスとは、移乗動作や着替え、食事といった日常生活動作（ADL）を評価するための指標の1つ。ADL維持等加算の算定要件に組み込まれている。

## 》》》 ポラリスデイサービスセンター多田：Bさん73歳の事例 《《《

◆利用開始時の状況

- 側弯症の手術後から下肢麻痺があり歩行が困難だった
- 新型コロナウイルスの外出自粛などもあり、趣味の写真撮影を諦めていた

◆2年2か月後の状況

- 1人で自宅の周り200mほどを1～2回の休憩を挟み歩けるようになった
- 車椅子（約30kg）を楽に持ち上げることができる
- 今後の目標は、ノルディック杖を使用して写真撮影に行くこと

| | 利用開始時 | 2年2か月後 |
|---|---|---|
| バーセルインデックス（BI） | 合計70点 | 合計90点 |
| TUGテスト | 60秒4 | 15秒2 |

## 》》》 ポラリスデイサービスセンター見野：Cさん81歳の事例 《《《

◆利用開始時の状況

- 多発性ラクナ梗塞、右脛骨動脈閉塞症、頚椎症性脊髄症、脊柱管狭窄症を発症
- 歩行能力の著しい低下

◆2年1か月後の状況

- 排泄、入浴などが1人でできるようになった
- 自宅近くの公園を歩行器を使用して1周（約1200m）散歩ができるようになった
- 今後の目標は、ラグビーを再開すること

| | 利用開始時 | 2年1か月後 |
|---|---|---|
| バーセルインデックス（BI） | 合計85点 | 合計95点 |
| TUGテスト | 33秒 | 15秒 |

※川西市介護度改善インセンティブ事業の詳細は、川西市のホームページをご参照ください。
https://www.city.kawanishi.hyogo.jp/kurashi/fukushi_kaigo/1017467/kaigohoken/1015206.html

# 2 なぜ水分摂取が重要なのか

高齢者が閉じこもりがちになる大きな要因の1つが、脱水状態です。

## 高齢者が脱水傾向になる理由

一般に体内に占める水分量は、成人が55～60％、高齢者では50～55％といわれています。水分量を保つためには、1日に体に取り入れる水分量と排出される水分量のバランスを保つことが大切ですが、高齢者の多くは、季節にかかわらず慢性的な脱水傾向にあることが指摘されています。

高齢者の脱水状態はＡＤＬの低下に大きく関係するので、脱水を放置してはいけません。高齢者が脱水になりやすいのは、次の要因が考えられます。

**①体内の水分量の低下**：高齢者は体内の水分量が少ない分、若い年代と比べて脱水症になりやすいことが知られています。

**②食事量の減少**：高齢になると活動量が減るために、食欲がわかないことが多いものです。また嚥下障害などがあると十分な食事がとれません。食事量が減ると水分摂取も減りがちです。

**③喉の渇きを感じにくい**：高齢になると体の感覚が鈍くなり、喉の渇きを感じる口渇《こうかつ》中枢機能も低下します。水分が必要な状態であっても喉の渇きを感じにくく、飲む水の量が減ってしまいます。

**④腎臓機能の低下**：腎臓には体内の水分調整をする重要な働きがあります。加齢により腎臓の機能が低下すると尿量が増えます。これにより脱水症が起こりやすくなるのです。

**⑤薬の副作用**：利尿作用のある薬剤を服用していると、尿の排出によって体内の水分量が減って脱水状態になる場合もあります。

**⑥トイレに行きにくい・行きたくない**：歩行が不安定でトイレに行きにくい、夜間にトイレに行くのがおっくうなどの理由で水分摂取を控える高齢者が多くみられます。特に、要介護状態で尿失禁があったり、おむつをしていたりすると排尿回数を減らしたいために水分をとらないようになりがちです。

## 年齢によって変わる体内の水分量の割合

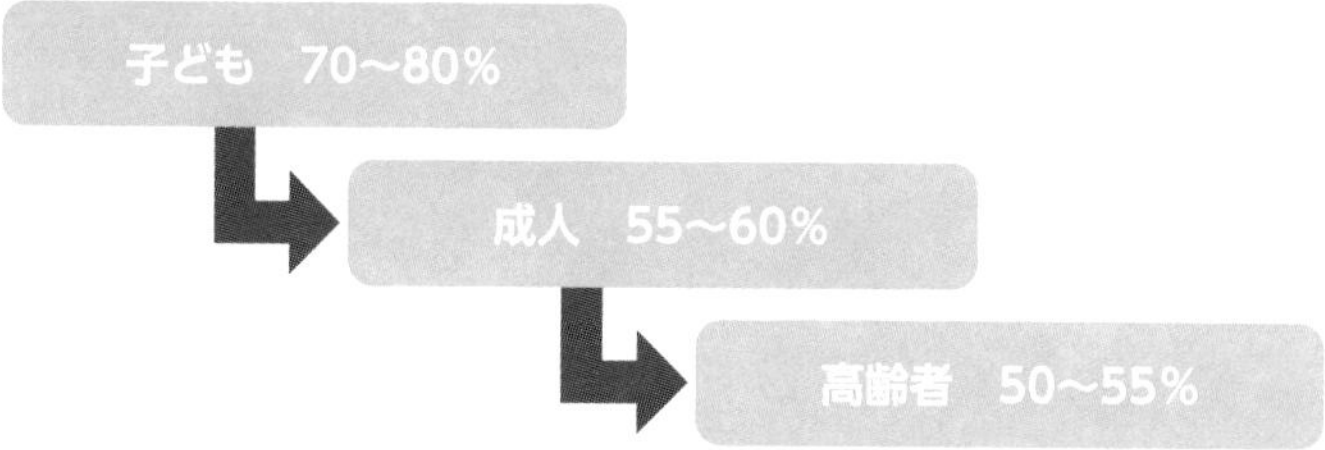


加齢とともに体内の水分量が減少。高齢者の体内の水分は成人よりも10%も少ないために脱水症になりやすい。

## 高齢者が脱水症状になりやすい主な理由

## 水分欠乏による障害

| | |
|---|---|
| 1～2% | 意識障害 |
| 2～3% | 発熱・循環器に影響 |
| 5% | 運動機能（特に耐久力）低下 |
| 7% | 幻覚の出現 |
| 10% | 死亡 |

※表の%とは体内総水分量に対する百分率である。
※高齢者の体重の50%が総水分量とすると、仮に体重50kgの人では25kgで25000mlが総水分量となり、1%は250mlとなる。

出典：『新版 介護基礎学ー高齢者自立支援の理論と実践』（竹内孝仁著、医歯薬出版刊）P.26

高齢者は体内の水分量がわずか1～2%減少しただけで意識障害が起こる。

# 3 脱水の改善で、要介護高齢者の不調のほとんどが消失する

脱水症は高齢者に多くの弊害をもたらします。こまめな水分補給の習慣化を図ることが大切です。

## 水分不足のまま活動量を上げてはいけない

高齢者が家に閉じこもってしまう大きな理由が「倦怠感」つまり「しんどいから」です。そしてその一番の原因が「脱水」だとされています。脱水状態のままでたくさん体を動かすと倦怠感がさらに強まります。

デイサービスなどで利用者の脱水状態を放置したまま活動量を上げてしまえば「しんどいから二度とデイサービスに行きたくない」とデイサービスに通って元気になるきっかけを失ってしまいます。

## 水分不足が招く覚醒水準の低下

水分不足は、活動時の倦怠感を増強させるだけではありません。覚醒水準（意識レベル）の低下にも大きく関わります。

人間は体重の1～2％の水分が不足すると意識障害が起こりやすいといわれており、脱水がひどくなると意識がぼんやりする「せん妄」を引き起こします。意識がボーっとした状態では、水分摂取量のみならず食事量や活動量も不足してしまいます。

また、膀胱に尿が溜まると、神経を通じて脳に信号が送られて、それが尿意となり、「排尿」か「排尿抑制」（排尿を我慢すること）かを判断します。

意識レベルが低ければ、このメカニズムが円滑に働きません。それが尿失禁につながり、排泄の自立ができなくなるのです。

水分を多くとると尿失禁や夜間頻尿につながるのでは、と心配する人がいますが、十分な水分摂取を行うことで昼間の意識レベルが上がって尿失禁が減ります。夜間頻尿も同様です。昼間、脱水状態で意識レベルが落ちて、ボーっとしている状態では、夜の眠りが浅くなり熟睡できません。そのために膀胱に少し尿が溜まっただけでも目が覚めて、夜間に何度もトイレに行きたくなるのです。

## 高齢者の脱水で見られる症状

・なんとなく元気がない
・反応が鈍い
・疲れやすい
・意欲低下
・ぐったりしていて反応が鈍い
・認知機能の低下

脱水が進むと

脱水性せん妄(日付や場所がわからなくなる見当識障害、睡眠障害、幻覚、妄想、気分障害など)が見られるようになる

高齢者は体内の水分量がわずか1～2%不足しただけでも頭がぼんやりしてくる。デイサービスでぼんやりしている高齢者は、水分不足も影響している。

## 水分摂取は日中に覚醒させ、夜間は良眠させる効果がある

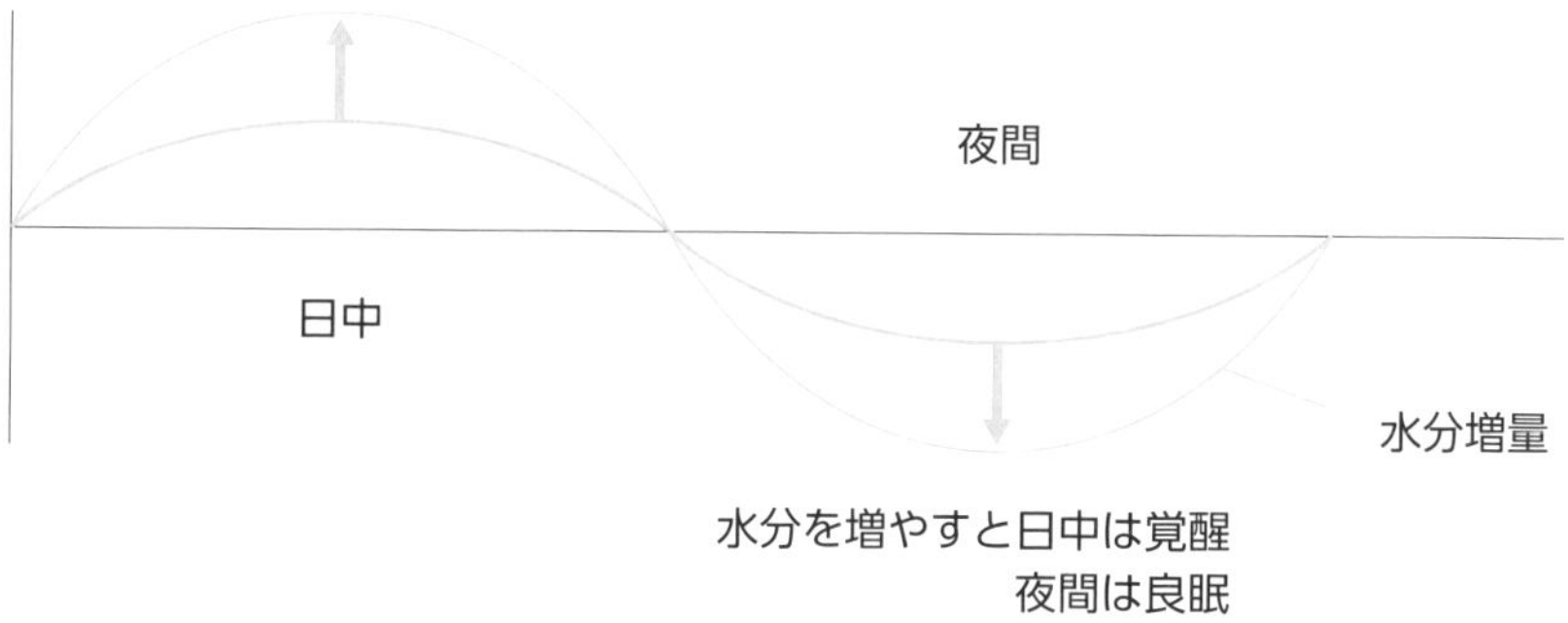


出典：『新版 介護基礎学ー高齢者自立支援の理論と実践』(竹内孝仁著、医歯薬出版刊) P.24

図の横軸は時間、縦軸は日中は覚醒レベル、夜間は睡眠レベルを表す。十分な水分補給を行うと、昼間は意識がしっかりし、夜は良眠や熟睡が得られるようになる。その結果、尿失禁や夜間頻尿も改善されていく。

昼間の脱水を補正（改善）して意識レベルを上げ、活動量を増やすと、尿失禁や夜間頻尿は改善していきます。

## 1日1500㎖の水分摂取を目標に

水分摂取を行うにあたり、主治医から水分制限を指示されている人以外なら、食事以外に1日1500㎖の水分をとることを目指しましょう。しかし、「お腹がいっぱい」「喉が渇いていない」と、水を飲むように勧めても飲んでくれないことがしばしばあります。こんなときには、飲水を勧めるタイミングが大事なポイントになります。

一般的に人は体を動かしたときに水を飲む傾向があります。それを利用して、例えば、利用者がトイレに行ったら1杯、パワーリハならマシンが1機種終わるごとに1杯など、何か行動したあとに水分補給を勧めるといいでしょう。

1杯といってもコップ約半分の100cc程度の量です。それを昼間体を動かすたびに全部で15回飲むと考えると、1日1500㎖は案外スムーズに飲めるものです。一度に多くを飲んでも余分な量は尿として排出されてしまうだけなので、少量の水分をこまめにとることが大切です。

水分補給には、水や白湯、カフェインが入っていない麦茶などがよいとされています。もちろんノンカフェインにこしたことはありませんが、まずは、日常生活の中で水分をとる習慣をつくることが大切です。そのために筆者の事業所では、利用者が希望するのであれば、緑茶やコーヒーでも、薄いものであればよいと考えてご提供しています。

## 認知症の症状改善にも有効

1日に必要な水分を摂取し、脱水を補正（改善）するだけで要介護高齢者の多くが抱える不調が解消されます。十分に水分を摂取していれば体に大きな負担をかけることなく、デイサービスでの活動量を上げることできます。ただし、活動量のアップと水分補給は同時に行うことが重要です。

そして、脱水の補正は認知症の周辺症状の改善にも有効です。例えば、認知症の方で便秘が続くと、夕方になるにつれて粗暴になる、帰宅願望が強く出る、徘徊が始まる、といった行動が見られることがあります。これら認知症による周辺症状のほとんどは、適切な水分補給をすることで消失あるいは改善していくことがデータとしても示されています。

## 体を動かしたら100CC程度の水を飲む習慣をつけよう

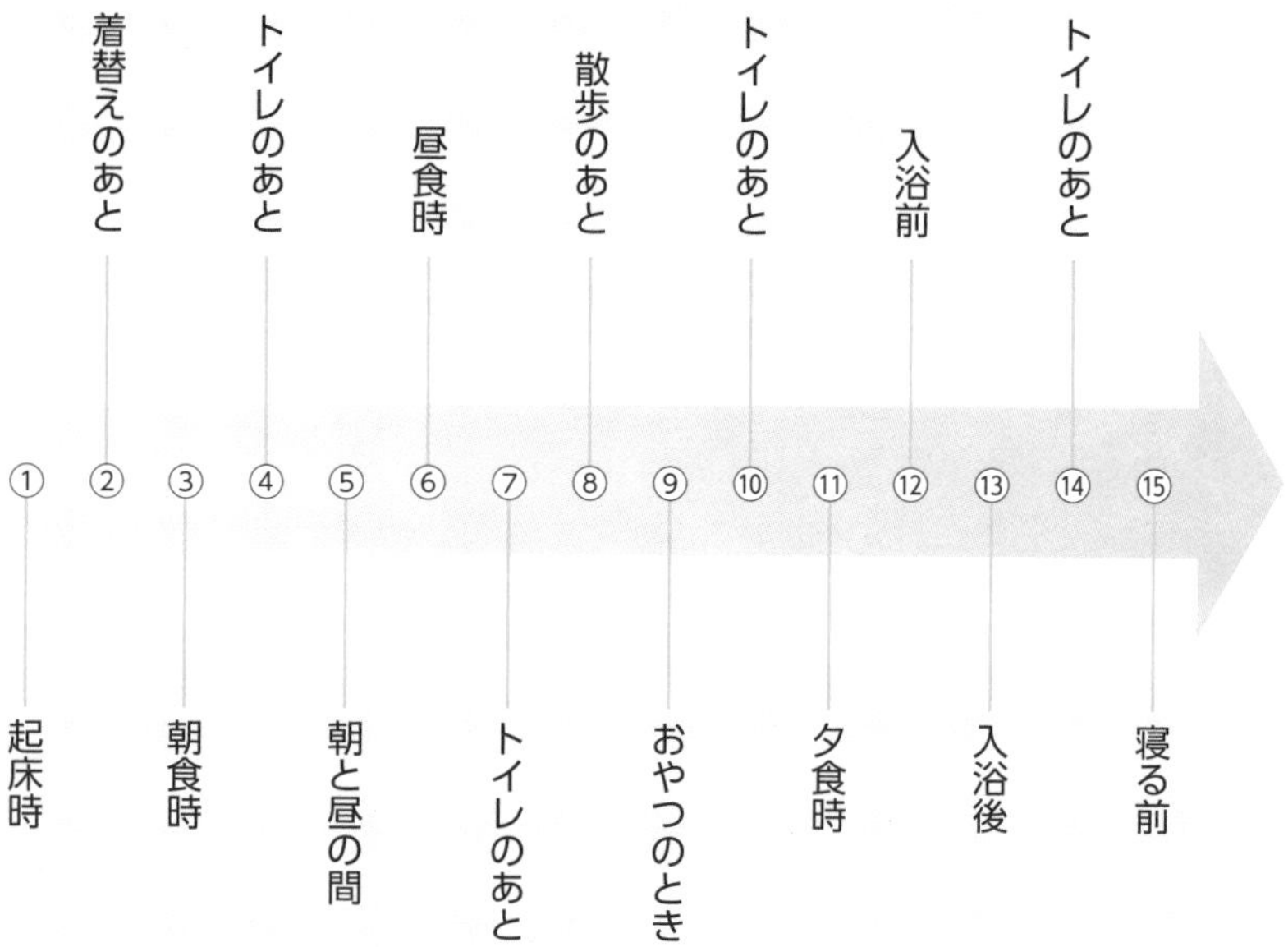


## 十分な水分摂取がもたらす効果

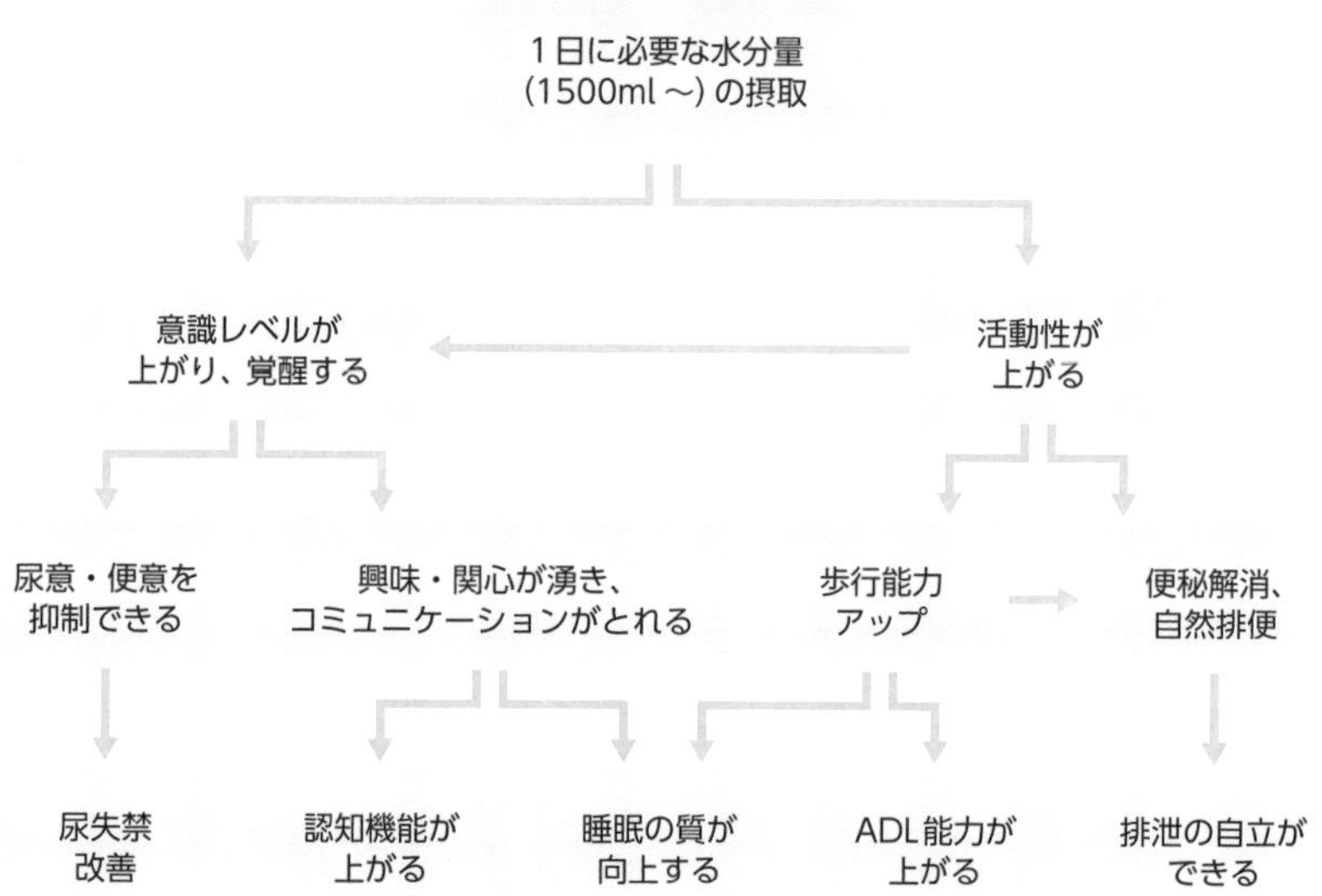

# 4 低栄養の落とし穴

低栄養の予防と改善は、身体機能の維持や生活機能の自立を保ち、健康障害を防いでくれます。

## 低栄養は、認知症や廃用症候群の要因になる

糖質や脂質、タンパク質など必要な栄養素が慢性的に足りない状態を低栄養といいます。高齢者は低栄養になる傾向が高く、厚生労働省の「令和元年国民健康・栄養調査結果の概要」によると、75～79歳の低栄養傾向の人は、男性12・7％、女性23・1％、85歳以上では、男性17・2％、女性27・9％と、女性では4人に1人以上が低栄養の状態であることが示されています。

低栄養になると、免疫力が低下して感染症にかかりやすくなる上に、さまざまな研究から認知症や死亡のリスクが上がることもわかっています。また、高齢者の低栄養は寝たきりの大きな要因となる廃用症候群も招きます。

必要なエネルギーや栄養素が足りない状態で活動量を上げるのは大変危険です。まずは、1日に必要な栄養素をしっかりとってもらい、運動できる体をつくることから始めましょう。

## なぜ低栄養になりやすいのか

加齢に伴って噛む力や飲み込む力が弱くなっていることも、低栄養の一因になります。うまく噛めなかったり飲み込むことができなかったりすると、繊維質の多い野菜や歯ごたえのある肉など食べづらいものを避けて、軟らかい食品を好んで食べるようになります。

特に一人暮らしの高齢者は食事の品数も減りがちです。お粥やご飯に漬物だけ、そばやうどんだけなど、炭水化物中心の食事を続けているとタンパク質やミネラル、ビタミン類の摂取量が減って、低栄養になりやすいのです。

脳梗塞やパーキンソン病などで入院すると、飲み込む力が弱くなって嚥下機能が低下するため、病院食はお粥や刻み食、ペースト食になりがちです。誤嚥を防ぐために入院中はしかたありませんが、元気になって退院し自宅に戻ってきても、お粥や軟らかいうどんだけの食事を続けて低栄養になるケースが少なくありません。

## 65歳以上で低栄養傾向にある人の割合

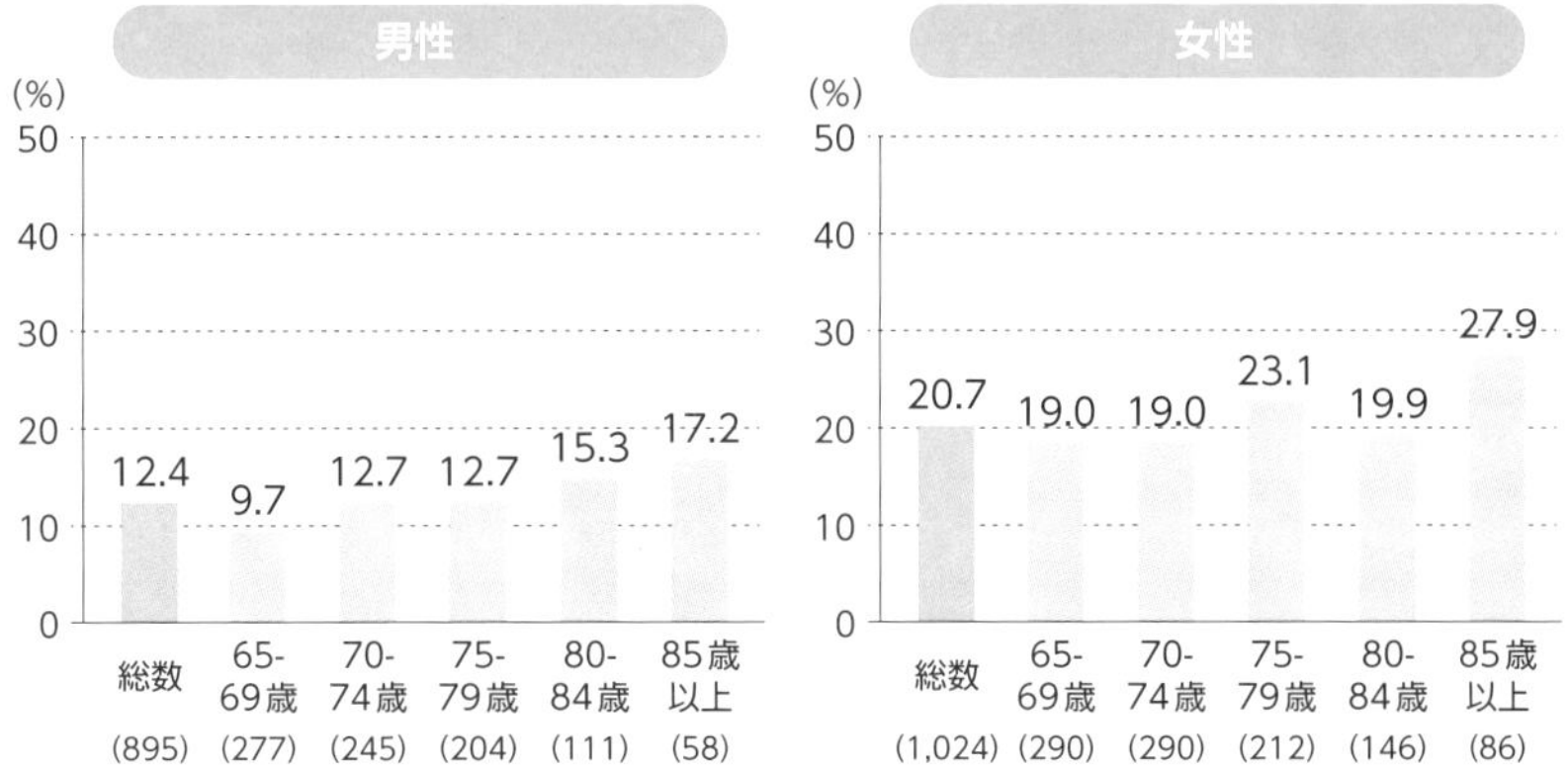


**低栄養傾向の者（BMI≦20kg/㎡）について**

「健康日本21（第二次）」では、「やせあるいは低栄養状態にある高齢者」ではなく、より緩やかな基準を用いて「低栄養傾向にある高齢者」の割合を減少させることを重視している。その際、「低栄養傾向」の基準として、要介護や総死亡リスクが統計学的に有意に高くなるポイントとして示されているBMI20以下を指標として設定している。

出典：厚生労働省「令和元年　国民健康・栄養調査結果の概要」
（https://www.mhlw.go.jp/content/10900000/000687163.pdf）

## 低栄養の症状

- 体重減少
- 骨格筋の筋肉量や筋力の低下
- 元気がない
- 風邪など感染症にかかりやすく、治りにくい
- 傷や褥瘡が治りにくい
- 下半身や腹部がむくみやすい

食事量が減ると同時に水分の摂取量も減るため、
低栄養の高齢者は、特に脱水症に注意する

出典：健康長寿ネット「高齢者の低栄養」
（https://www.tyojyu.or.jp/net/byouki/rounensei/tei-eiyou.html）を基に著者作成

# 5 噛むことの重要性

お粥や軟らかいうどんなど、噛まずにすむ食事ばかりしていると、噛むことを忘れてしまいます。

## 噛まないから、噛み方、飲み込み方を忘れる

高齢になって脂肪量や筋肉量が減少すると、普通に生活していても体重が徐々に減っていく傾向にあります。ましてや病気で入院すると、入院中に5kg、10kgと体重が落ちてしまうことは珍しくありません。体重が落ちると、実は歯茎も一緒にやせてしまうことが多く入れ歯が合わなくなり、外してしまいます。その結果、お粥や刻み食ばかりを食べることになります。退院後も入れ歯を外したままお粥などを食べ続けている利用者を見かけたら、「入れ歯が合っていないのかも」「入れ歯の調整が必要かも」という発想の引き出しをもっておきましょう。

白飯（精白米）の茶碗1杯分（約150g）のカロリーは、234kcalですが、全粥1食分（約200g）のカロリーは、約130kcalと、白飯の半分強しかありません。おかずをあまり食べず粥食だけでは、1日に必要なカロリーも栄養素も足りず低栄養が進むばかりです。

また、食べるという行為は実はとても複雑な動作で成り立っています。食べ物を飲み込み、口から胃へと運ぶ一連の動作を嚥下といいます。その嚥下はどのような仕組みになっているのか、簡単にご説明します。食べ物を口に入れると咀嚼しながら唾液と混ぜ合わせて、食べ物の塊をつくります。それを舌で喉の奥に押し込んで、飲み込みます。このときに、食べ物の塊が鼻の方に流れ込まないように、軟口蓋《なんこうがい》が上がって鼻腔と口腔の間をふさぎ、喉頭蓋《うとうがい》が気道の入り口をふさいで飲食物が気管に入らないようにします。

食べ物を口に入れてから飲み込むまでの工程は、歩くことと同じくらい複雑な動作が行われているのです。人間の複雑な動作はその動作を行わなくなると脳の回路から消えてしまいます。粥食ばかり続けていると噛み方、飲み込み方を忘れてしまい、結果として誤嚥につながるといわれています。

## 摂食・嚥下のプロセス

(1) 先行期（認知期）

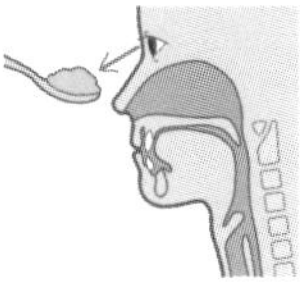

・食物の形、色、においを認知する段階
・認知することによって、唾液が分泌される

(2) 準備期（咀嚼期）

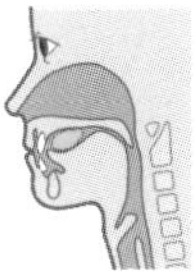

・食物を取り込み、咀嚼して唾液とともに食塊を作る段階
・咀嚼により消化酵素（アミラーゼ）を含む唾液と混ざり合う

(3) 口腔期（嚥下第1期）

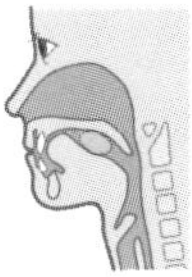

・舌を上下左右に動かして食塊を咽頭に運ぶ段階

(4) 咽頭期（嚥下第2期）

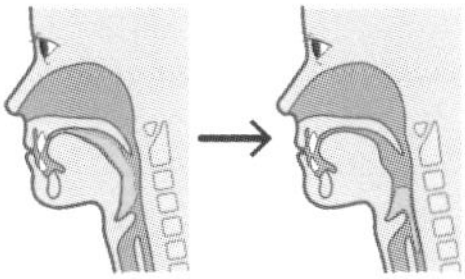

・軟口蓋が挙上して鼻腔と咽頭部が閉じ、次に喉頭が挙上して喉頭蓋が閉じ、食塊が食道に運ばれる段階
・軟口蓋が鼻腔を閉鎖するとともに、喉頭蓋が食塊の気道への侵入を防ぐ
・不随意運動である嚥下反射が起こる

(5) 食道期（嚥下第3期）

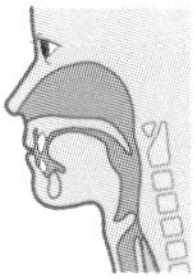

・不随意運動により食道の蠕動運動が起こり、食塊が食道から胃へと送り込まれる段階

出典：『福祉教科書 介護福祉士 完全合格テキスト 2025年版』（介護福祉士試験対策研究会著、翔泳社刊）P.287

# 6 噛まない食事が誤嚥を招く

自立支援介護では、常食で1日1千500キロカロリーの摂取を目指します。

## 常食にし、食事介助をやめる

口腔（オーラル）フレイルをご存じですか？　口の中の機能が衰えた状態を指します。食べこぼしが目立つ、噛めない食品が増えてきたなど、一見ささいとも思える口の機能低下（口腔フレイル）を放っておくと、全身の衰えにつながることが問題になっています。

自立支援介護では、自分1人で食べられるように徐々に食事介助を減らしながら、刻み食やペースト食だった方も常食を目指します。

誤嚥を心配する方もいますが、粥食やペースト食など、軟らかい食べ物ほど噛まなくてすむために口腔機能が低下して、結果的にむせや誤嚥が増えることが知られています。

また、食事介助がむせを増やすという報告もあります。咀嚼や嚥下の一連の動作の中で、飲み込むタイミングと気管が閉じるタイミングが合わないとむせが起こります。介助者がどんなに気をつけていても、タイミングが合わないことはあります。利用者が自分のペースで食べるのが一番なのです。

## 楽しむための食事も大切に

食事は栄養補給だけでなく「楽しむ」という側面もあります。刻み食やペースト食を試食したことのある方はわかるかと思いますが、見た目も味もおいしいとはいえません。常食を目指すことは食事の楽しみにもつながるのです。

よく噛んで食べると食べ物が細かく砕かれ、大量の唾液と混じり合って塊をつくり飲み込みやすくなります。噛むことで腸や脳が刺激され、認知症も防ぐといわれています。

しっかり噛めるように入れ歯の調整も重要です。現場では後回しになりがちですが、ケアマネジャーを通して歯科医師と連携をとり、入れ歯の調整を優先的に行ってください。

通院が難しい場合に備えて、往診で入れ歯の調整をしてくれ、かつ腕のいい歯科医師をふだんから探しておくことをお勧めします。

## 口腔機能の低下が全身に及ぼす影響

歯を失う → 入れ歯が合わない → 軟らかいものばかり食べる → 噛まないから、噛む能力が低下する → 口腔機能の低下 → 低栄養 → 心身機能の低下 → 要介護、寝たきりに

運動理論に基づくと、噛まないと
噛めなくなり、食べ方を忘れてしまう

## 誤嚥性肺炎の原因となる、むせを防ぐ5つのコツ

| | |
|---|---|
| ①できるだけ常食をとる | 常食だとよく噛むのでむせが減る（常食が一番むせない安全な食事） |
| ②水分をしっかりとる | 脱水状態だと唾液が出ず、いつまでたっても口の中の食べ物を飲み込めない。また水分不足の状態では、意識レベルが下がってボーっとするため、むせてしまう |
| ③できるだけ人の助けを借りず自分で食べる | 食事介助でむせが多くなるという報告がある。特に限られた時間内で多くの利用者の食事介助をしなくてはならない場合は、利用者が咀嚼したものを飲み込む前に、次の食べ物を口に入れてしまうことがある。自分のリズムで咀嚼し、飲み込むのが一番よい |
| ④正しい姿勢で食べる | ベッドや車いすに座ったままで食べるとむせが多くなる。足裏がきちんと床に着いて、腰が直角になっていない姿勢で食べると咀嚼力が低下する |
| ⑤入れ歯はしっかり噛めるように調整する | 適正に調整された入れ歯を使っている人はむせが少ない。入れ歯が合っていればよく噛んで肉や魚、野菜などいろいろな食品が食べられる |

参考資料：『介護の生理学』（小平めぐみ・井上善行・野村晴美 他著、竹内孝仁監修、秀和システム刊）P.74～P.78

# 7 自然な排便を目指す

自立支援介護では、おむつや尿パッド、下剤や浣腸を使わない排便の自立を目指します。

少し医学的な話になりますが、排便のメカニズムに「起立大腸反射」と「胃・大腸反射」といわれる神経反射があります。

## なぜ便秘になりやすいのか?

私たちは朝目覚めて体を起こして立ち上がると、その刺激で腸の蠕動《ぜんどう》運動が活発になります。これを起立大腸反射といいます。また、朝起きて冷たい水を1杯飲んだり朝食をとったりすると、その刺激で大腸の働きが活発になります。これを胃・大腸反射といいます。毎朝の自然な排便を目指すには、この2つの反射がきちんと起こることが大事です。

しかし、寝たきりや車いす、家に閉じこもりがちな生活などで活動量が少なくなったり、朝食をとらなかったり、さらに脱水が重なったりすると、腸が動かなくなり便が固くなって便秘の症状がどんどん悪化していきます。

## 下剤の常用に注意

便秘がひどくなると下剤に頼ることが増えてきます。

下剤の量や種類によっては急激な便意をもよおすために、便意のコントロールが難しくなり家に閉じこもりがちになります。安易に下剤を常用することは、高齢者の身体的な自立を阻む大きな要因になるのです。

利用者や家族には、ぜひこのことを説明してください。状況によっては担当のケアマネジャーに相談してもいいでしょう。家族等が主治医に下剤を頓服にしてもらう相談のお手伝いも、徹底した自立支援介護を行う上では必要です。

頓服が処方されても最初のうちは毎日下剤を飲むかもしれません。しかしそれでもかまいません。水分補給を行って体を動かすうちに、徐々に便秘が改善されます。そうしたら介護スタッフが「明日は下剤を飲まないでトイレに行ってみましょうか」と利用者に働きかけて、下剤に頼らない日をつくっていきましょう。

## 高齢になるほど便秘に悩む人が増えてくる

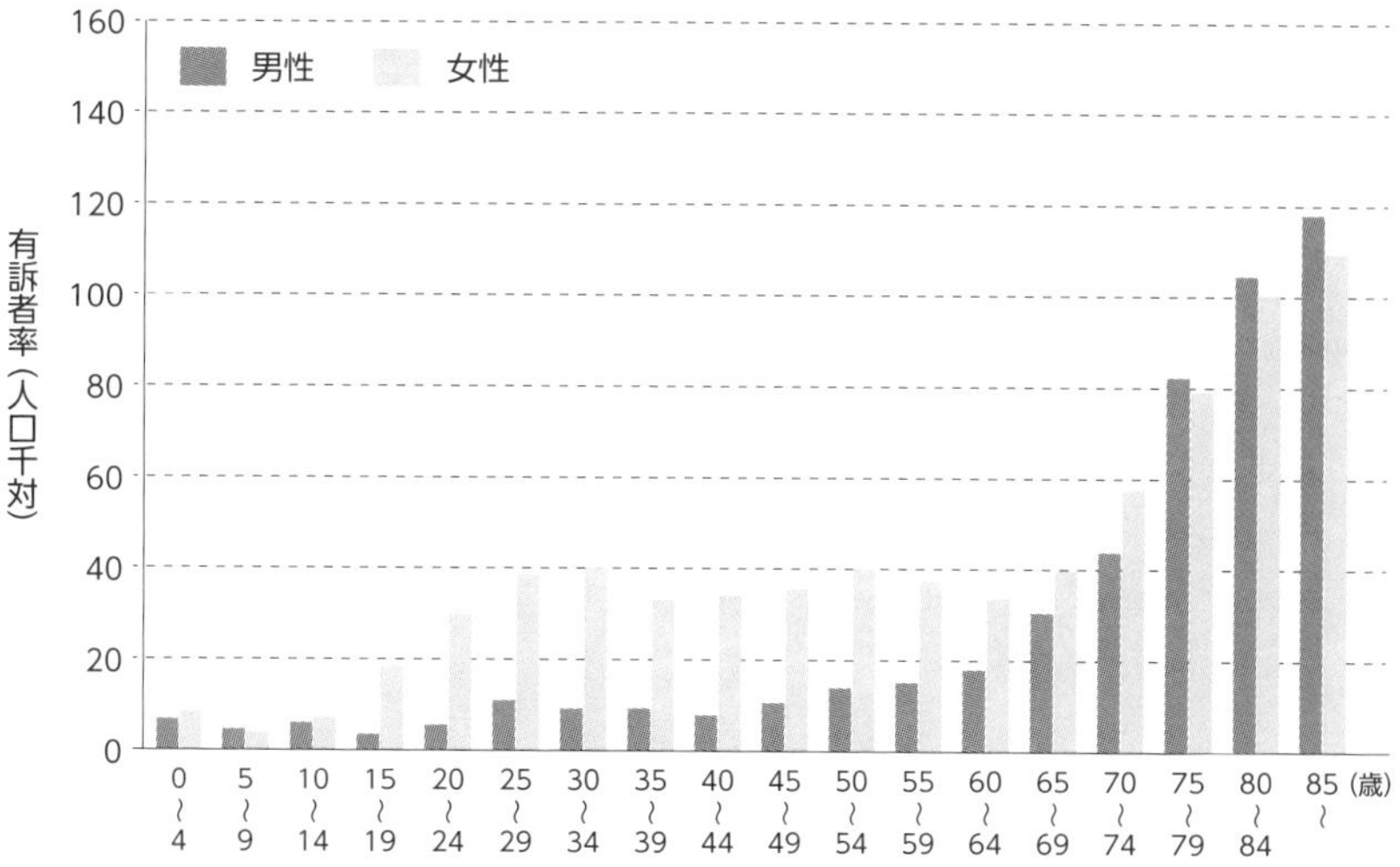


便秘を訴える人は70歳以上から急増する。便秘に悩む人は若い世代では圧倒的に女性が多いが75歳以上からは男女比が逆転し男性のほうが多くなる。

出典：厚生労働省「令和元年国民生活基礎調査」
（https://www.e-stat.go.jp/stat-search/files?page=1&toukei=00450061&tstat=000001141126）を基に筆者作成

## 朝の排便をスムーズにする「起立大腸反射」と「胃・大腸反射」

| | |
|---|---|
| 起立大腸反射 | 横になっているときから立ち上がると、大腸が刺激されて、胃や腸の働きが活発になる |
| 胃・大腸反射 | 食物や水を飲んだときに、胃が刺激されて腸の蠕動運動が起こる。空腹のときほど強く起こりやすいとされている |

# 8 下剤を卒業するための7つのポイント

## 自立支援介護でもっとも重要とする歩行訓練を行うためにも、便秘の改善は大変重要なことです。

### 便秘改善に必要な7つのケア

次の7のケアの実践で、寝たきりの人でも下剤やおむつから卒業できるようになります。

①**睡眠・覚醒のリズムをつくる**：夜しっかり眠れるように、できるだけ昼寝をしないようにして生活リズムを整えます。

②**水分をしっかりとる**：1日1500mlの水分補給を目指します。水分摂取を見直しただけで、便秘が改善するケースが少なくありません。

③**歩行で活動量を増やす**：適度な運動を行うことにより、腸の動きが活発になります。寝たきりの人は、座位の時間を徐々に増やしていくなどの工夫が必要です。

④**常食にする**：入れ歯が合わない人は歯科で調整をしてもらって、常食を目指します。肉や魚、野菜、きのこ、海藻類などさまざまな食品をバランスよくとることは栄養面だけでなく便秘改善にも効果的です。

⑤**繊維質や発酵食品をとる**：野菜、納豆、ヨーグルトなどの繊維質や発酵食品を積極的にメニューに加えます。ルイボスティーやハトムギ茶、オリーブオイル、オリゴ糖等も便秘改善に役立つといわれています。

⑥**朝食後にトイレに行く**：大腸から押し出された便が直腸に到達すると、そのシグナルが脳に伝えられて便意を感じます。これが「排便反射」と呼ばれるものです。定時の排便習慣が排便反射を促します。食べ物が胃に入ると便を直腸に送り出そうとする「胃・大腸反射」は、朝食後に一番強いとされているので、朝食後にトイレに座る習慣をつけましょう。

⑦**座位で排便をする**：おむつをつけて寝たままの姿勢では、腹圧で便を押し上げて排便しなければなりません。座位であれば重力に従って便が出やすくなります。排尿もまた同様です。寝たきりの場合は介助してポータブルトイレまで移動し、座位での排便・排尿を目指します。

## 便秘のほとんどは機能が低下して起こる「機能性便秘」

便秘と一言でいっても、便秘になる原因によって4つに分けられる。大腸がんなどができて便の通過が妨げられる「器質性便秘」、全身の病気の症状として起こる「症候性便秘」、薬剤の影響で起こる「薬剤性便秘」、そして、大腸や排便に関わる機能が低下したことによって起こる「機能便性便秘」がある。
もっとも多くみられるのが、下表に示した機能性便秘の3種類。その中でも、高齢者に多いのは上から2つ目までの「弛緩性便秘」と「直腸性便秘」である。

【機能低下で起こる機能性便秘の種類】

| 便秘の種類 | 考えられる原因 |
|---|---|
| 弛緩性便秘 | 水分や食物繊維の不足、運動不足、腹筋力の低下により、大腸を動かす筋肉がゆるんで蠕動作用が弱まるために、便が滞留して硬くなる |
| 直腸性便秘 | 肛門近くの直腸には圧力センサーがあって、便が到達するとその圧力によって便意が起こる。けれども、老化や下剤、浣腸の乱用などによって、直腸の感受性が弱まってしまうと、便が直腸に到達しているのに便が出ない状態になる。高齢者や寝たきりの人以外でも、便意があるにもかかわらず、すぐにトイレに行かない等を繰り返すと、直腸の感受性が弱まって便意を感じる力が低下する。直腸性便秘はしばしば下剤の乱用で起こると指摘されている |
| けいれん性便秘 | ストレスや緊張などがきっかけで起こることが多く、腸の一部がけいれんすることで、蠕動作用が不安定になって起こる便秘症。便秘と下痢を交互に繰り返すことも多い |

参考資料：『介護の生理学』（小平めぐみ・井上善行・野村晴美 他著、竹内孝仁監修、秀和システム刊）P.107、P.108。一般社団法人 日本臨床内科医会ホームページ「便秘」（https://www.japha.jp/general/byoki/constipation.html）

## 高齢者によく見られる便秘と下剤連用の悪循環

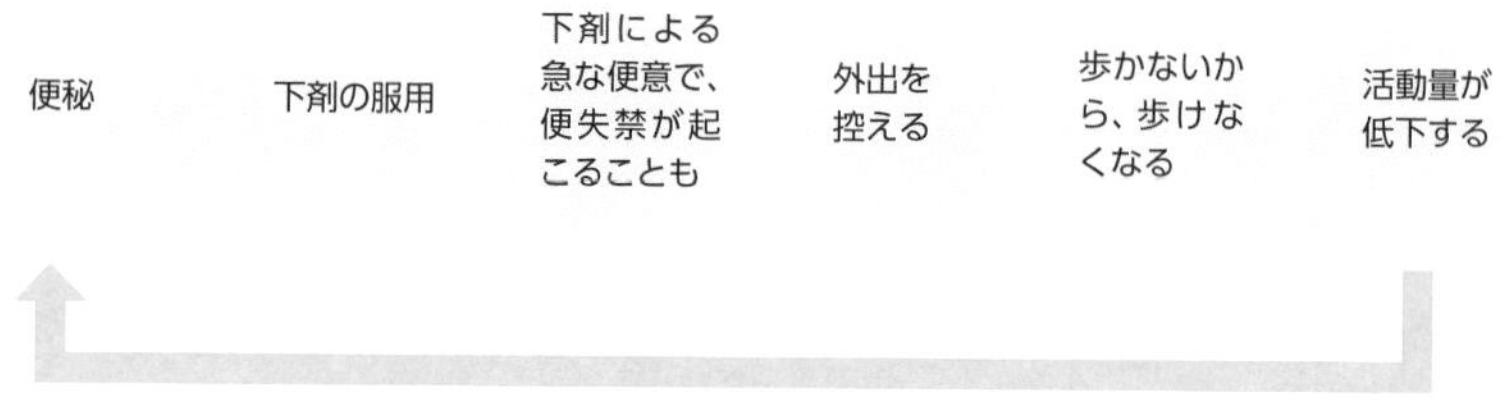


便秘だからと下剤に頼っていると、急激な便意により便意のコントロールが難しくなり、便失禁をすることもある。そのため外に出ることができず閉じこもりが解消されない。その結果、活動量がますます低下して便秘をひどくする。また下剤の乱用が便秘を引き起こすこともある。便秘を解消して下剤から卒業することが大事である。

# 9 高齢者の自立を阻害するポリファーマシー問題

要介護高齢者の多くは複数の薬を服用しています。多剤服用がもたらすリスクを知っておきましょう。

## 75歳以上の4人に1人が、7種類以上の薬を服用

ポリファーマシーとは、多剤服用によりきちんと薬が飲めなくなったり副作用を起こしたりする状態をいいます。ポリファーマシーの厳密な定義はないようですが、国内では6種類以上の薬を飲むと薬物有害事象※が増えることが報告されています。

高齢になると持病が増え、内服薬も増えます。厚生労働省の調べによると、60歳を超えると7種類以上の薬を処方される割合が増え、75歳以上になると約4人に1人が7種類の薬を飲んでいることがわかっています。

高齢者は生理機能が低下しているので、薬の作用が強く出ることがあり、多剤服用によりふらつきや転倒、物忘れ等の副作用が起こりやすいことが知られています。特に多いのがふらつきと転倒で、5種類以上の薬を服用する高齢者の、実に4割以上に起きているという報告もあります。

## 昼間のぼんやりは睡眠薬のせいかも

60歳以上になると約3割が何らかの睡眠障害があるとされ、睡眠薬を服用する人が増えます。睡眠薬の種類や量によっては、ぼんやりしてしまう副作用が出ることもあります。そのため日中も転倒やそれにともなう骨折のリスクが高まります。さらに夜間は、睡眠薬服用後にトイレに行くと、ふらついて転倒骨折などの事故も多く見られます。睡眠薬の種類によっては依存性が強いものもあるので注意が必要です。不眠症の薬としてよく使われるベンゾジアゼピン系睡眠薬は、認知機能が低下するおそれがあるため、高齢者はできるだけ使わないように、または使っても漫然と長く使わないようにと指摘されています。

このような症状が見受けられる利用者には、主治医に相談するようにアドバイスをするとともに、日中できるだけ水分をしっかりとり、体を動かして

※薬物有害事象とは広義の副作用とされ、薬効が強く出すぎることで起こる有害事象や血中濃度の過上昇による臓器障害も薬物有害事象とされている。

## 年齢層別の薬の数

### 一人の患者が1か月に1つの薬局で受け取る薬の数

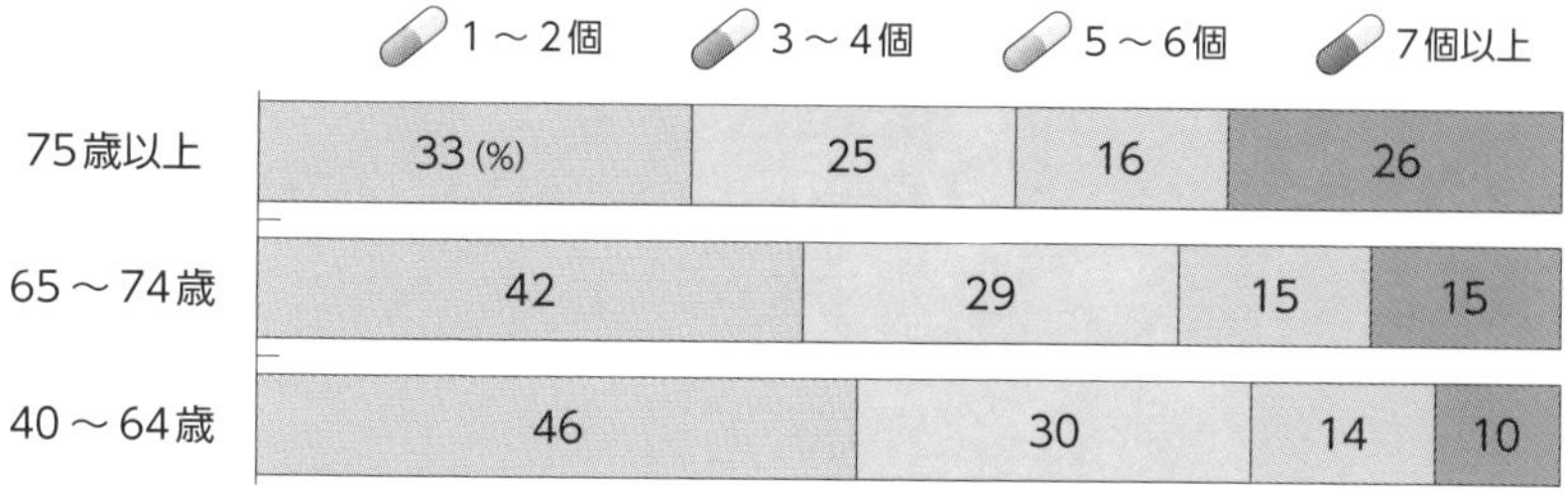


厚生労働省「2014年社会医療診療行為別調査」

出典：日本医療研究開発機構研究費「高齢者の多剤処方見直しのための医師・薬剤師連携ガイド作成に関する研究」研究班、日本老年薬学会、日本老年医学会編集「高齢者が気を付けたい 多すぎる薬と副作用」（https://www.jpn-geriat-soc.or.jp/info/topics/pdf/20161117_01_01.pdf）

## 多剤処方と有害事象及び転倒の発生リスク

●薬物有害事象の頻度

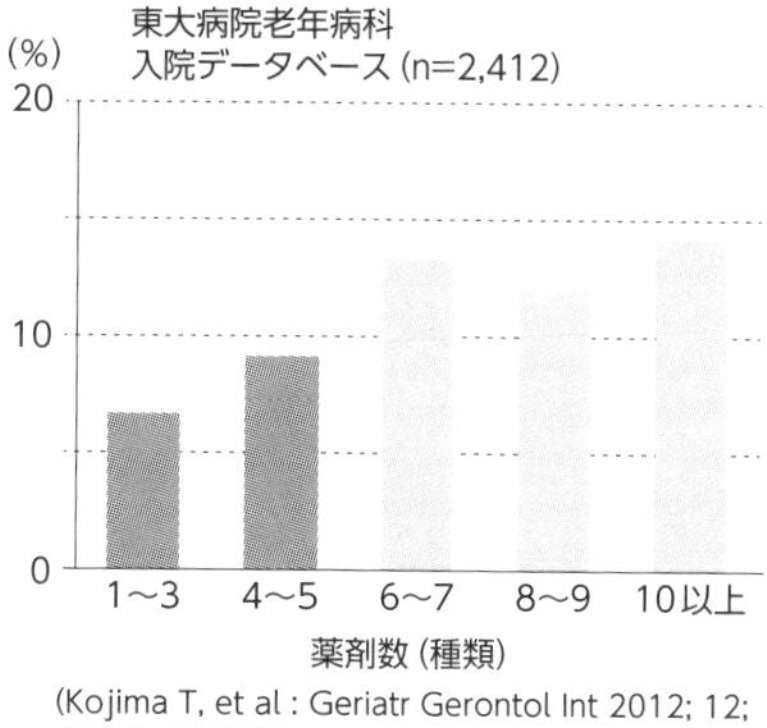


(Kojima T, et al : Geriatr Gerontol Int 2012; 12; 761-2.より引用)

●転倒の発生頻度

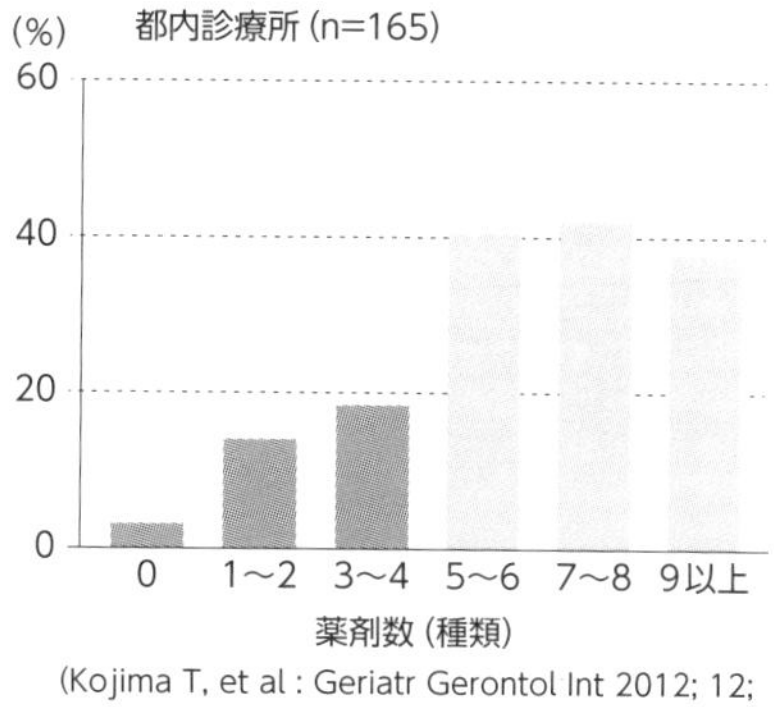


(Kojima T, et al : Geriatr Gerontol Int 2012; 12; 425-30.より引用)

出典：日本老年医学会「高齢者の安全な薬物療法ガイドライン 2015」（https://www.jpn-geriat-soc.or.jp/info/topics/pdf/20170808_01.pdf）

## 多職種連携推進のための在宅患者訪問薬剤管理指導ガイド

在宅や介護施設向けに、国立研究開発法人 国立長寿医療研究センターの薬剤部、長寿医療研修部高齢者薬学教育研修室の溝神文博らのグループが、「多職種連携推進のための在宅患者訪問薬剤管理指導ガイド」を、次のURLで公表している。

https://www.ncgg.go.jp/hospital/kenshu/organization/documents/20240208_zaitakuhoumonyakuzai_guide.pdf

生活できるようケアしていくことが非常に重要です。

## 緩下剤「酸化マグネシウム」がもたらすリスク

さまざまな種類の下剤がありますが、高齢者の服用で特に問題になっているのが、慢性便秘のときに一般的に出される酸化マグネシウムという緩下剤です。

一般に3日間お通じがないと、下剤の指示を出す医師が少なくありません。

酸化マグネシウムは腸内の水分を吸って便を軟らかくする作用がありますが、一度飲むと腸の粘膜が回復するまで1週間ほどかかるといわれています。したがって、傷ついた腸粘膜が回復する前に続けて服用していれば、いつまでたっても腸粘膜が回復せず、下剤に依存しないと便が出にくくなる悪循環に陥ります。また、酸化マグネシウムは長期間使用すると血液中のマグネシウム濃度が上がり、不整脈や低血圧などの症状を引き起こす高マグネシウム血症※が現れることがあるために、高齢者や腎機能が低下している人は特に注意が必要だといわれています。

## 特に慎重な投与を要する薬物

日本老年医学会では「高齢者の安全な薬物療法ガイドライン2015」において、次ページに掲載した「特に慎重な投与を要する薬物」の中に、酸化マグネシウムを挙げています。なお、この表は75歳以上の人を対象に、服用を控えたい薬のリストアップですが、必要があって処方されていることがほとんどなので、自己判断で中止せず、必ず主治医に相談することが必要です。

## 下剤による急激な便意が外出を妨げる

自然排便の場合は、便意のコントロールができるのですが、下剤の場合はそれが難しくなります。軟便や水様便となって、ある一定のところまで行くと急に押し出されてしまうからです。そうなると、心配になるのが外出先のトイレです。

便意が急激に来るので、トイレがみつからなかったらどうしよう、あるいは電車などで移動中に便意を催したらどうしようと不安になります。

実際にトイレが間に合わないこともあるかもしれません。トイレに失敗した経験があるとなおさら外に出るのが嫌になります。

下剤の常用は閉じこもりの大きな要因になるのです。

※高マグネシウム血症とは、血液中のマグネシウム濃度が非常に高い状態。初期症状では、吐き気、嘔吐、立ちくらみ、めまい、脈が遅くなる、皮膚が赤くなる、力が入りにくくなる、体がだるい、眠気でぼんやりする、うとうとするなど。ほうっておくと、息苦しい、意識がもうろうとするといった重い症状や場合によっては死に至ることがあるので、早めに医療機関を受診することが重要。

## 高齢者で特に慎重な投与を要する薬物

| 薬の分類 | 薬の種類と対象 | | 主な副作用 |
|---|---|---|---|
| 抗精神病薬 | 認知症の人への抗精神病薬全般 | | 手足のふるえ、歩行障害などの神経障害、認知機能の低下、脳血管障害 |
| 睡眠薬 | ベンゾジアゼピン系睡眠薬・抗不安薬 | | 認知機能の低下、せん妄、転倒、骨折、運動機能の低下など |
| | 非ベンゾジアゼピン系睡眠薬 | | 転倒、骨折、その他ベンゾジアゼピン系と類似の副作用の可能性あり |
| 抗うつ薬 | 三環系抗うつ薬 | | 認知機能低下、せん妄、便秘、口渇、めまい・立ちくらみ、排尿の障害 |
| | 消化管出血のある人へのSSRI薬 | | 消化管出血の再発 |
| スルピリド | うつ病、胃潰瘍、十二指腸潰瘍へのスルピリド薬 | | 手足の震え、歩行障害などのパーキンソン症状 |
| 抗パーキンソン病薬 | パーキンソン病治療薬（抗コリン薬） | | 認知症機能低下、せん妄、不活発、口渇、便秘、排尿の障害など |
| ステロイド | 慢性安定期のCOPD（慢性閉塞性肺疾患）への経口ステロイド薬 | | 呼吸不全、消化性潰瘍 |
| 抗血栓薬（抗血小板薬、抗凝固薬） | 心房細動患者への抗血小板薬 | | 潰瘍、消化管出血、脳出血 |
| | 上部消化管出血の既往がある患者へのアスピリン | | |
| | 複数の抗血栓薬の併用療法 | | |
| ジギタリス | 強心薬 | | 不整脈、食欲不振、吐き気、視覚障害などのジキタリス中毒 |
| 高血圧治療薬 | 利尿薬 | ループ利尿薬 | 腎機能低下、立ちくらみ、転倒、悪心、嘔吐、けいれんなどの電解質異常 |
| | | アルドステロン拮抗薬 | 脱力感、不整脈、しびれなどの高カリウム血症、頭痛、吐き気、下痢、便秘など |
| | 気管支喘息、COPD（慢性閉塞性肺疾患）へのβ遮断薬 | | 呼吸器疾患の悪化、喘息発作の誘発 |
| | α遮断薬 | | 立ちくらみ、転倒 |
| 抗アレルギー薬の第一世代H1受容体拮抗薬 | すべての第一世代Ｈ１受容体拮抗薬 | | 認知機能低下、せん妄、口渇、便秘など |
| 胃薬のＨ２受容体拮抗薬 | すべてのＨ２受容体拮抗薬 | | 認知機能低下、せん妄など |
| 制吐薬 | メトクロプラミドなどの制吐薬 | | ふらつき、ふるえなどパーキンソン症状 |
| 緩下薬 | 腎機能低下への酸化マグネシウム薬 | | 悪心、嘔吐、筋力の低下、呼吸不全などの高マグネシウム血症 |
| 経口糖尿病治療薬 | スルホニル尿素薬（SU薬） | | 低血糖 |
| | ビグアナイド薬 | | 低血糖、下痢など |
| | チアゾリジン薬 | | 骨粗しょう症、骨折、心不全 |
| | α－グルコシダーゼ阻害薬 | | 下痢、便秘、おなら、おなかの張り |
| | SGLT2阻害薬 | | 低血糖、脱水、尿路・性器感染症 |
| インスリン | インスリン製剤 | | 低血糖 |
| 過活動膀胱治療薬 | オキシブチニン薬 | | 排尿障害、口渇、便秘 |
| | ムスカリン受容体拮抗薬 | | |
| 痛み止め・解熱薬の非ステロイド性抗炎症薬（NSAIDs） | すべての非ステロイド性抗炎症薬（NSAIDs） | | 胃炎など消化管出血、腎機能の低下 |

出典：日本医療研究開発機構研究費「高齢者の多剤処方見直しのための医師・薬剤師連携ガイド作成に関する研究」研究班・日本老年薬学会・日本老年医学会編集「高齢者が気を付けたい 多すぎる薬と副作用」(https://www.jpn-geriat-soc.or.jp/info/topics/pdf/20161117_01_01.pdf)（原出典は日本老年医学会「高齢者の安全な薬物療法ガイドライン2015」の「特に慎重な投与を要する薬物のリスト」）

# 10 睡眠薬・下剤を服用することになったきっかけ

高齢者に多い睡眠薬や下剤を飲む習慣はどうして始まったのか、服用の理由を考えてみます。

## 睡眠薬・下剤服用のきっかけ

睡眠薬や緩下剤を含む下剤服用のきっかけはさまざまですが、過去の状況をたどると入院したときに服用が始まったということが少なくありません。

筆者が外科医だったころ、入院当日は不眠時眠剤○○ル○オン1錠、3日間便が出なければプ○ゼ○ド1錠またはグ○セ○ン浣腸60㎖といった、判をついたように同じような指示を出していました。手術や麻酔の影響で、一時的にでも腸の動きが止まってしまった場合は下剤が必要ですが、それ以外でも画一的に処方されていたケースが少なくなかったのではないかと推測します。

これらの教訓から、入院中に必要があって睡眠薬や下剤を服用している場合でも、退院時には担当医から医療ソーシャルワーカー（MSW）を通じて、地域のかかりつけ医に「入院時に睡眠薬と下剤をスタートしましたが、在宅生活に戻ったら1～3か月の間に睡眠薬と下剤は、症状を改善して減薬や中止をしてください」と、申し送りをするべきだと考えます。

## 介護職だからできるアプローチ

国も高齢者の医薬品適正使用に取り組んでいます。2016（平成28）年度の診療報酬改定で、減薬の取り組みを評価する薬剤総合評価調整加算が新設されました。2020（令和2）年度の改定では、段階的な報酬体系へと見直され、その後も要件の見直しが行われています。また、2018（平成30）年度の診療報酬改定では、保険薬局が減薬に関与することを評価した服用薬剤調整支援料が新設され、2020（令和2）年度の改定で服用薬剤調整支援料2も新設されています。

薬を減らすのは医師が中心になって行わなければなりません。しかし、地域のかかりつけ医や薬剤師と連携し相談しながら減薬してもらう一方で、自立支援介護の基本ケアで便秘や不眠の改善を図るのは、介護職だからこそできる減薬へのアプローチなのです。

## 診療報酬改定 薬剤総合評価調整加算の変遷

**2016（平成28）年度 診療報酬改定で新設**

入院前に6種類以上の内服薬が処方されていた患者について、処方の内容を総合的に評価及び調整し、退院時に処方する内服薬が2種類以上減少した場合に算定

**2020（令和2年）年度 診療報酬改定で見直し**

2種類以上の内服薬の減薬が行われた場合を評価しているがこれを見直し、①処方の総合的な評価及び変更の取り組み、②減薬に至った場合、の2段階での報酬体系とした

**2024（令和6）年度 診療報酬改定で見直し**

カンファレンスの実施に限らず、多職種による薬物療法の総合的評価及び情報共有・連携ができる機会を活用して必要な薬剤調整等が実施できるよう要件を見直した

薬剤総合評価調整加算は、2016（平成28）年度の診療報酬改定で、ポリファーマシー対策として新設された。さらに2020（令和2）年度の改定では、薬剤総合評価調整加算を見直し、処方の総合的な評価及び調整の取り組みと、減薬に至った場合に分けた段階的な報酬体系とする方針が示された。2024（令和6）年度改定では、多職種が連携して実施することなど、算定要件の見直しが行われた。

参考資料：厚生労働省「令和2年度診療報酬改定の概要」（https://www.mhlw.go.jp/content/12400000/000691038.pdf）、「令和6年度診療報酬改定の概要【個別改定事項（Ⅱ）】」（https://www.mhlw.go.jp/content/12400000/001238900.pdf）

## 診療報酬改定 服用薬剤調整支援料の新設

**2018（平成30）年度 診療報酬改定（調剤）で新設**

6種類以上の内服薬が処方されていたものについて、保険薬剤師が文書を用いて提案し、当該患者に調剤する内服薬が2種類以上減少した場合に算定

**2020（令和2）年度 診療報酬改定（調剤）で服用薬剤調整支援料2が新設**

複数の医療機関から6種類以上の内服薬が処方されている患者に対して、薬剤の一元的把握を行い、処方医に文書で提案をした場合に算定できるものとして「服用薬剤調支援料1」「服用薬剤調整支援料2」の2段階評価になった

服用薬剤調整支援料は、薬局における減薬の取り組みに対する評価として2018（平成30）年度改定で新設された。2020（令和2）年度改定では、減薬に至らなくても重複投薬等の解消に関わる提案を行うことを評価する服用薬剤調整支援料2を新設。これにより減薬に至った症例には服用薬剤調整支援料1を、提案にとどまった症例には服用薬剤調整支援料2の2段階評価となった。

参考資料：厚生労働省「平成30年度診療報酬改定（調剤）」（https://www.mhlw.go.jp/file/06-Seisakujouhou-12400000-Hokenkyoku/0000197985.pdf）、「令和2年度診療報酬改定の概要（調剤）」（https://www.mhlw.go.jp/content/12400000/000608537.pdf）

# 11 高齢者はなぜ歩けなくなるのか？

高齢者が歩けるようになるために必要な、「運動学習理論」についてご説明します。

## 複雑な動作の獲得に必要なこと

食事・入浴・トイレといったあらゆる日常生活動作には歩行が伴います。介護職が中心になって要介護高齢者が再び歩けるようにお手伝いができるならば、それは私たち介護職が全力で取り組むべきことなのではないでしょうか。では、なぜ高齢者は歩けなくなってしまうのでしょう。一般的には下肢の筋力低下によるものだといわれています。では下半身の筋トレをすれば、以前のように歩けるようになるのでしょうか？

筆者は小さいころにピアノを習っていました。しかし、習うのを止めたとたん弾けなくなりました。これは指の筋力の低下によるものでしょうか？指の筋力を鍛えれば、上手にピアノが弾けるようになるでしょうか？

水泳はどうでしょう。筋肉トレーニングをすれば泳げるようになるのでしょうか？

答えはNOです。上達するには、マスターしたい動作そのものを何度も繰り返すしかないのです。次節で解説しますが、これを「運動学習理論」といい、人間の複雑な動作に関してはすべてこの理論が当てはまります。

## 「歩かない」から「歩けなくなる」

では歩行はどうでしょう？

もうおわかりですね。赤ちゃんはハイハイからつかまり立ちをし、何度も転びながら歩けるようになります。繰り返し歩くうちに、反射的に手足が動いてスムーズに歩けるようになります。

けれども年を重ねると、歩行を中心に活動量が減ってしまいます。さらに病気やケガなどの要因が加わると、家に閉じこもるようになり歩き方を忘れてしまいます。

高齢者が「歩けなくなる」のは、「歩かない」からです。

再び歩けるようになるには、繰り返し歩いて脳にある歩くための運動回路を復活させる必要があるのです。

## 高齢者は「歩かない」から「歩けなくなる」

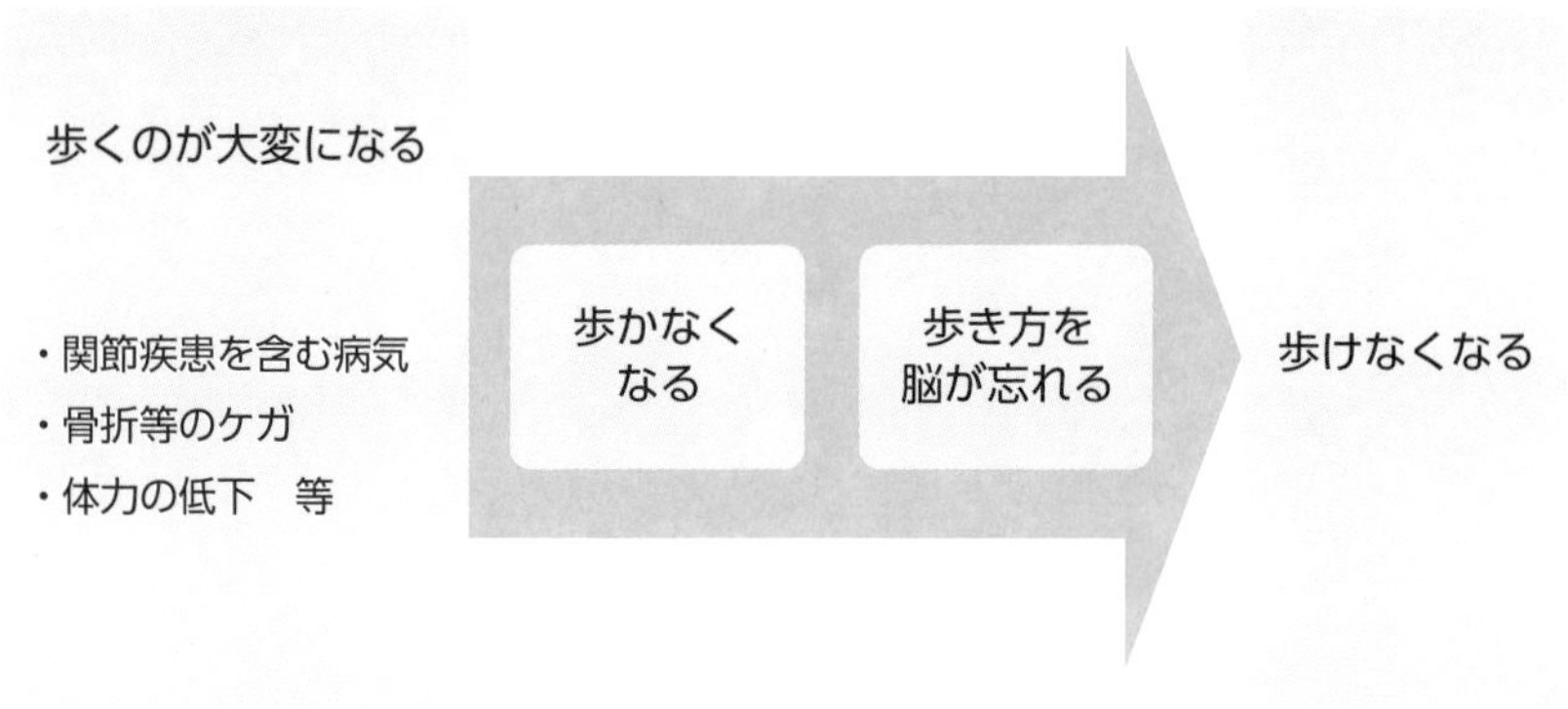


### 災害時に見る高齢者の身体自立度の低下

阪神・淡路大震災が起きた1995（平成7）年、筆者は兵庫県にある医科大学の5回生で震度7を経験しました。震災の影響で大学の実習が休みとなりボランティアをしていたときに、体育館に避難していた高齢者がたった2週間で歩けなくなり、寝たきりになっていくのを目の当たりにしました。

筆者にとっては衝撃的な出来事で、将来介護の仕事を志す、大きなきっかけとなりました。

この経験から、2011（平成23）年に東日本大震災が起きたときにはすぐに、東北にデイサービスを開設しました。

また、2024（令和6）年に起きた能登半島地震では、被災後に歩けなくなり車いすの生活になってしまった要介護高齢者の三次避難所として、当社が受け入れを行いました。

災害は、大きな環境の変化に加えて、避難先では歩いたり体を動かしたりすることがほとんどなくなります。被災前には元気だった高齢者も、被災後は身体の自立度が低下することが知られています。

# 12 自立支援介護のベースとなる運動学習理論

運動学習理論の原理・原則をしっかり押さえましょう。

## 押さえておくべき、2つの原則

自立支援介護のベースにあるのが運動学習理論(Motor Learning Theory)です。自立支援介護を行うには、この理論を通じて「人はどのようにして歩行をはじめとする複雑な動作をマスターするのか」という原理・原則を押さえる必要があります。次の2点をしっかりと頭に入れておきましょう。

**①複雑な動作は反復練習で獲得できる**

自転車こぎや水泳など人間の複雑な動きは、マスターしたい動作を反復練習することでその運動に関する運動回路が脳でつくられて、スムーズに行えるようになります。

**②獲得した動作を使わないと脳の回路から消えていく**

一度獲得した運動回路はその動作をやめてしまうと回路そのものが消えてしまい、その動作ができなくなることがわかっています。高齢者が歩かない状態を続けていると、脳から歩行運動の運動回路が消えてしまい徐々に歩けなくなるのです。

## 歩き方を忘れる

歩けなくなった高齢者には、リハビリテーションが有効と考える方もいるでしょう。リハビリテーションという言葉が使われたのは第一次世界大戦のころからで、米国における傷病兵《しょうびょうへい》の復帰プログラムがきっかけとされています。リハビリテーションは第二次世界大戦後に広く定着しました。

歩けなくなると足の筋肉が落ちます。そこで「足の筋力を鍛えれば歩けるようになるのではないか」という仮説が立てられて、長い間この仮説が世界のリハビリテーションの根本的な考え方になりました。しかし研究が進み、現在「歩けなくなるのは筋肉ではなく脳の問題である」という運動学習理論が徐々に台頭しています。

歩けなくなった高齢者がまた歩けるようになるには、歩行訓練を繰り返し行って、脳に歩行のための運動回路を再び構築することが必要なのです。

## 俗にいう身体で覚えるとは？

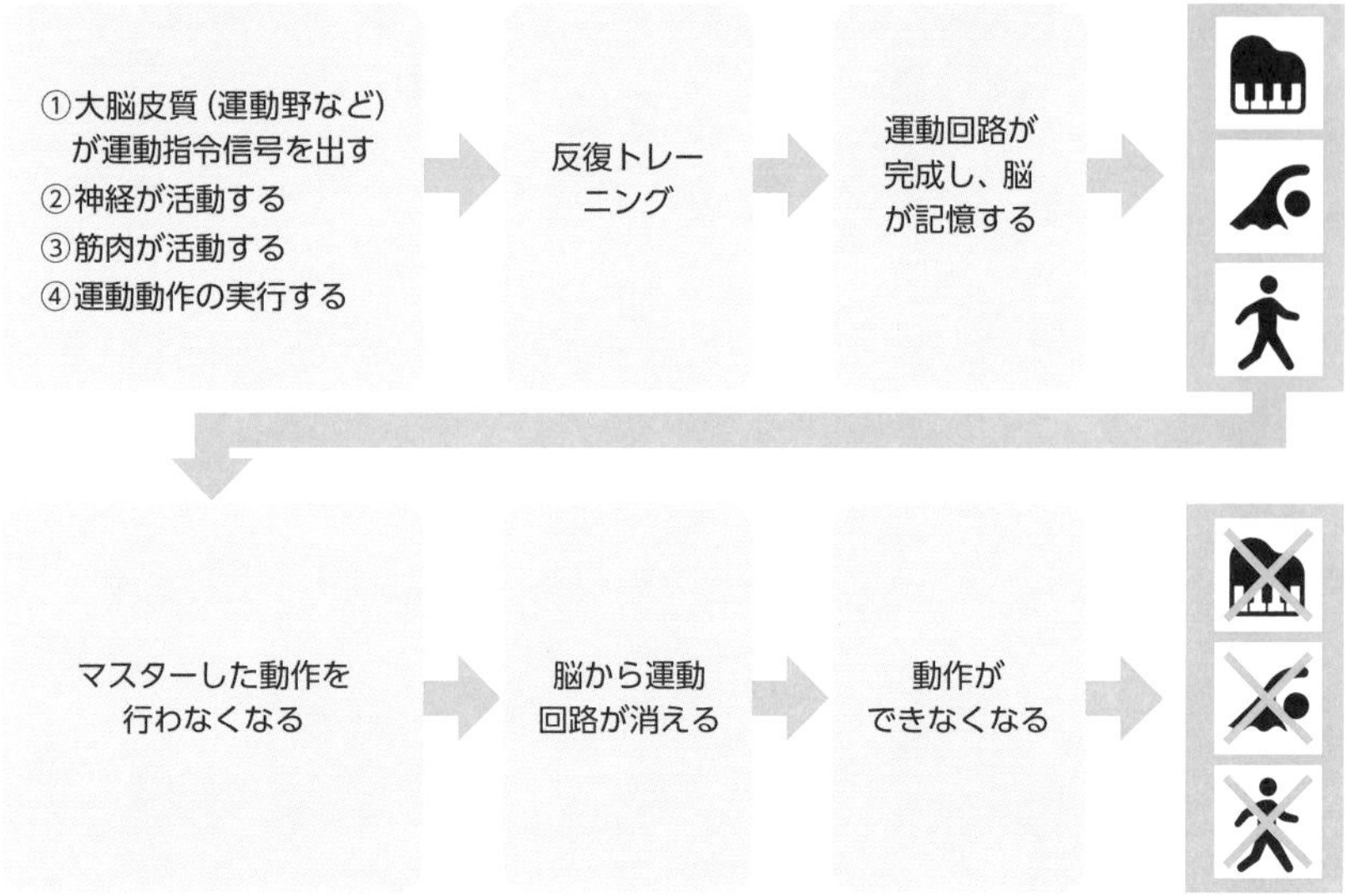


複雑な動作は繰り返し行うことでマスターできる。しかし、その動作を行わなくなると、脳の運動回路が消えて動作が行えなくなってしまう。

### 自立支援介護の歩行プログラム

次節で解説するパワーリハで歩く準備を整えたあとは、歩き方を忘れてしまった体にもう一度正しい歩行動作を思い出してもらうために、筆者が運営するデイサービスでは、安全免荷装置付きの歩行マシン「Pウォーク」を採用しています（P.127参照）。

このマシンを使ってまずは室内での安全なリハビリテーションを行い、歩行が安定して1日に2㎞程度歩けるようになったところで、実際に外出して歩行訓練に移ります。

要介護度が重い高齢者ほど、介護スタッフが「元気になってやりたいことは何ですか？」と尋ねても、何も思い浮かばない人が多いものです。

しかし、徐々に歩けるようになってくると、せきを切ったように、あれもやりたい、これもやりたいと、新たな目標が出てきます。つまり、歩けるようになるためには、利用者の目標をうまく引き出してあげることも大切なケアになるのです。

# 13 パワーリハビリテーションは歩くための準備

車いすや寝たきりの方は、いきなり歩けるようになりません。念入りな準備が必要です。

## 歩くための準備を整える

長い間車いすや寝たきりだった要介護高齢者は、すぐに歩くことができません。そのために、ゆっくりとしたリズミカルな全身の軽い運動で、歩くための準備を整えます。パワーリハのマシンは、要介護高齢者が安全に行えるようにさまざまな工夫が施されており、すべての機種が座位またはそれに近い姿勢で行うことができるので、運動中は転倒のリスクが非常に少ないのです。また、どのマシンも運動の軸を一定に行う（背骨が固定された状態で腕だけ動かせる）ことができ、ストッパーの機能があるために、人工関節等で可動域に制限がある方でも安全に介護職だけで行うことができるのです。

## 高齢者にとって「楽」が基本

世界共通の運動強度をはかる指標に「Borg（ボルグ）指数」があります。パワーリハはBorg指数10～12（その運動を10回行っても本人が楽だと感じる負荷）を目安にしているので、高齢者がパワーリハを繰り返し行っても、息が切れたり、しんどく感じたりすることにはなりません。

パワーリハで、動かしていない筋肉を動かすことで、セロトニン、オキシトシン、ドーパミン等の各種ホルモンの分泌が促され、ゆっくりとした呼吸と全身の軽い運動で自律神経系が整い、血圧が下がることが数多く報告されています。免疫系も整うので、一定期間パワーリハを行った方から風邪をひかなくなったという声を聞きます。ご飯がおいしい、よく眠れるなど健康になってきた実感は「これを続ければもしかしたら元気になるかも」という自己効力感につながります。また、パワーリハは、脱水や低栄養などを改善しながら行います。要支援の軽い方から要介護度の一番重い高齢者まで行うことができるのも大きな特徴です。パワーリハはどんどん歩く状態をつくるための準備として非常に優れたメソッドです。

## パワーリハマシン／6機種

①レッグEXT／FLEX（下半身の運動）

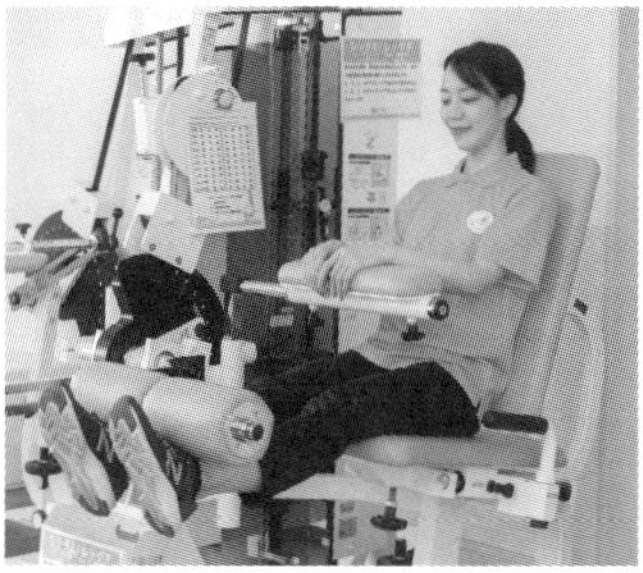

②ホリゾンタルレッグプレス（下半身の運動）

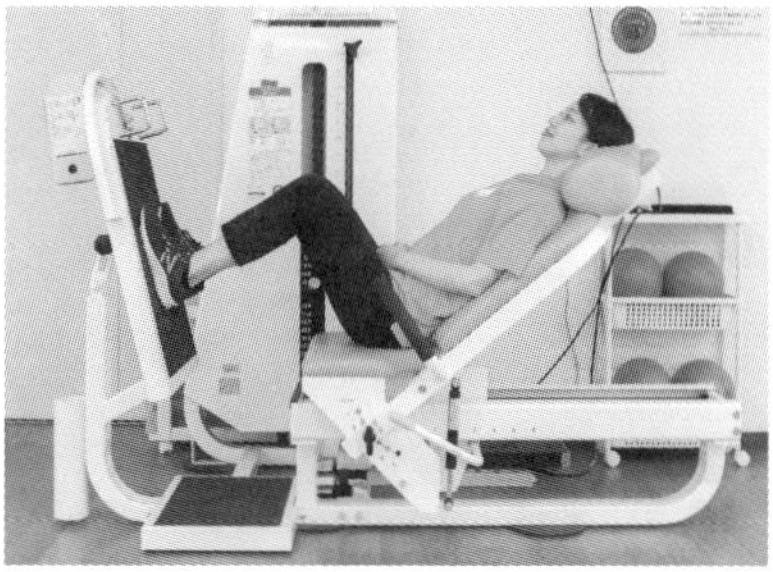

③トーソEXT／FLEX（体幹系の運動）

④ヒップAB（体幹系の運動）

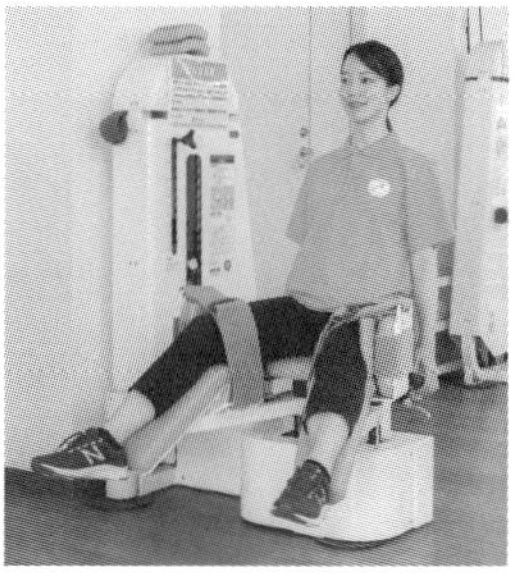

⑤チェストプレス（上半身の運動）

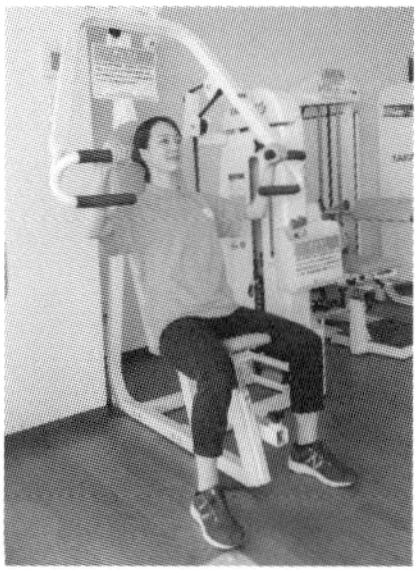

⑥ローイングMF（上半身の運動）

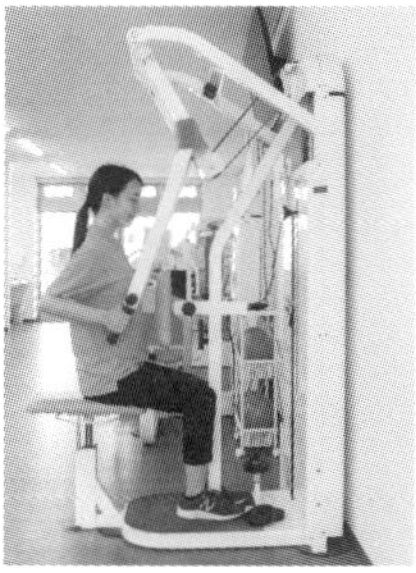

パワーリハは、ゆっくりとした呼吸と、リズミカルな全身の軽い運動で内分泌系、自律神経系、免疫系を整え身体の動作性を改善する。要介護高齢者が再び歩けるようになるためには非常に優れたメソッドである。

※パワーリハの詳細は、一般社団法人 日本自立支援介護・パワーリハ学会のホームページ（https://jsfrc-powerreha.jp/rehabilitation/）をご参照ください。

## パワーリハにおけるBorg指数（自覚的運動強度）

| 6 | 7 | 8 | 9 | 10 | 11 | 12 | 13 | 14 | 15 | 16 | 17 | 18 | 19 | 20 |
|---|---|---|---|---|---|---|---|---|---|---|---|---|---|---|
| 非常に楽である | | かなり楽である | | 楽である | | | ややきつい | | きつい | | かなりきつい | | 非常にきつい | |

パワーリハは、
10〜12の楽と感じる範囲で行う

### 自立支援介護でよく出る質問

**Q 歩行の準備運動は、パワーリハ以外の方法でもよいのではないでしょうか？**

ゆっくりとしたリズミカルな全身の軽い運動といえば、例えば太極拳やフラダンス、スローな社交ダンスなどがあります。これらは歩く準備には良い運動ですが、要介護度が重く立つことすら難しい人には、安全に成果を上げながら行うことは非常に困難です。要介護度が重い人でも安全に歩く準備を整えるためには、パワーリハが効果的なのです。

### 自立支援介護でよく出る質問

**Q 要介護度が重い人のパワーリハはどのように行うのでしょうか？**

座位がとれないくらい要介護度が重い人の場合は、介護スタッフ1〜2人で支えることでパワーリハが行えます。これまでずっと寝たきりでマシンを自分で動かせない人の場合は、スタッフがゆっくりマシンを動かして、動かしていない筋肉や眠っていた筋肉を動かしていきます。

# 14 利用者の「モチベーションと意欲」を引き出す

自立介護支援で結果を出せるかどうかのカギを握る1つの要素が、本人のモチベーションと意欲です。

## 寝たきりを生み出す負のスパイラル

筆者は介護の仕事をする前は医師として医療に携わっていました。医師は患者や家族に過度な期待をもたせないよう教育を受けます。当然ですが医学的なエビデンスに基づき余命宣告や治る・治らない、後遺症の有無やその程度などを明確にお伝えします。しかし、ここでまず患者は元気になろうという意欲をそがれることが多いのです。

自立支援介護では、本人のモチベーションと意欲が結果を大きく左右します。なぜなら、ほとんどの要介護高齢者は、このような原因から元気になることをあきらめているからです。

要介護高齢が元気になることをあきらめてしまうもう一つの原因は、日本の医療制度にあると思っています。

日本の病院はかつて入院期間が長く、それを短縮する目的で、3か月ごとに入院（管理）料が逓減《ていげん》していく制度がとられています。限られた入院期間で患者を退院させないと病院経営が成り立たないようになっているのです。そのため、退院させる名目として3か月か6か月を迎えたころに「あなたはこれ以上よくなりません」などと言われるのです。退院後は、病気になったショックや「もう治らない」「一生車いす生活」などと言われて失意の中でさらに活動量が低下します。

中には「転倒したら危ないから車いすで移動しましょうね」と過剰な介護により、さらに歩く機会を失ってしまう場合もあります。

そうすると、トイレにも行きにくいので意識的に水分量を減らします。また、病気でやせて入れ歯が合わなくなって粥食や刻み食になり低栄養が進みます。部分入れ歯の場合は、飲み込むと危ないという理由で入れ歯を外して粥食が始まることもあります。

こうなると便秘や不眠がひどくなり薬が増えます。昼間の意識レベルが低下し、下剤を飲んでいるのでいつお通じが出るかわからず、さらに外出の機会が減少します。脱水、低栄養、意欲低下、活動量低下がどんどん状態を悪化させるのです。これが寝たきりを生み出す負のスパイラルなのです。

## 意欲がある高齢者も、退院後はリハビリ難民になってしまう

退院後もリハビリテーションを受け、元のような生活を送れるようになりたいと考えるのは当然のことです。しかし、制度上の問題もあり自宅や介護施設等に入所したあとでは、医学的なリハビリテーションを受けられる機会はとても少ないのです。

元気になりたいと思っているのに、退院を余儀なくされたり、退院後もリハビリを行う機会が失われたりすれば、状態はどんどん悪化していきます。

要介護度が重い人に「やりたいことがありますか？」と聞いても、何も出てこないのは、「今の自分にはできるわけがない」と思い込んでいるからなのです。

## まずは、デイサービスに体験に来てもらう

では、元気になるのをあきらめている高齢者のモチベーションや意欲を引き出すためには、どうしたらよいのでしょうか。

いくつかコツがありますが、まずデイサービスの体験に来てもらうことです。パワーリハで体を動かして、水分をしっかりとってもらう。1日来てもらっただけでも自立支援介護の効果を実感してもらえるはずです。

ただし多くの場合、その効果が自立支援介護によるものだとは思われません。体の調子が悪いのは「年のせい」だと思っているからです。

そこで大切なのは、翌日電話をして体の状態を尋ねてデイサービスでの効果を実感してもらうことです。

例えば「昨日デイサービスに来ていただきましたが、いかがでしたか？」「よく眠れましたか？」「朝のお通じはどうでしたか？」「お食事はどうでしたか？」など、その人に合った問い掛けをしましょう。

丹念に聞いていくと多くの場合、高齢者からは「ああ、そういえば昨日は久しぶりによく眠れたよ」「ご飯をおいしく食べられた」「今朝はお通じがあったよ」という答えが返ってくるはずです。

そうすると「もしかしてこのデイサービスに通ってみれば自分も元気になれるかもしれない」という気持ちになってくるのです。これを「自己効力感」といい、非常に重要な感覚です。

## 高齢者が陥りがちな負のスパイラル

## 病院の診療報酬は、入院在日日数が長いほど定額報酬が下がっていく

2024（令和6）年度の診療報酬改定によると、日本の急性期病院は、約85％（病床ベース、2024年5月時点）がDPC/PDPS（急性期入院医療の診断群分類に基づく定額報酬算定制度）で支払われている。医療機関は、診断群分類ごとに設定される在院日数に応じた3段階の定額点数に、医療機関ごとに設定される医療機関別係数を乗じた点数を算定していて、入院初期は点数が高く、在日入院日数が長くなるほど点数が下がっていく。

### DPC/PDPSの基本事項（1日当たり点数の設定方法）

＜1日当たり定額点数・設定方式のポイント＞

- 入院初期を重点評価するため、在院日数に応じた3段階の定額報酬を設定
- 例外的に入院が長期化する患者への対応として、期間Ⅲ（平均在院日数＋2SD以上の30の整数倍を超えた部分）以降については出来高算定
- 実際の医療資源の投入量に応じた評価とするため、5種類の点数設定パターンで対応

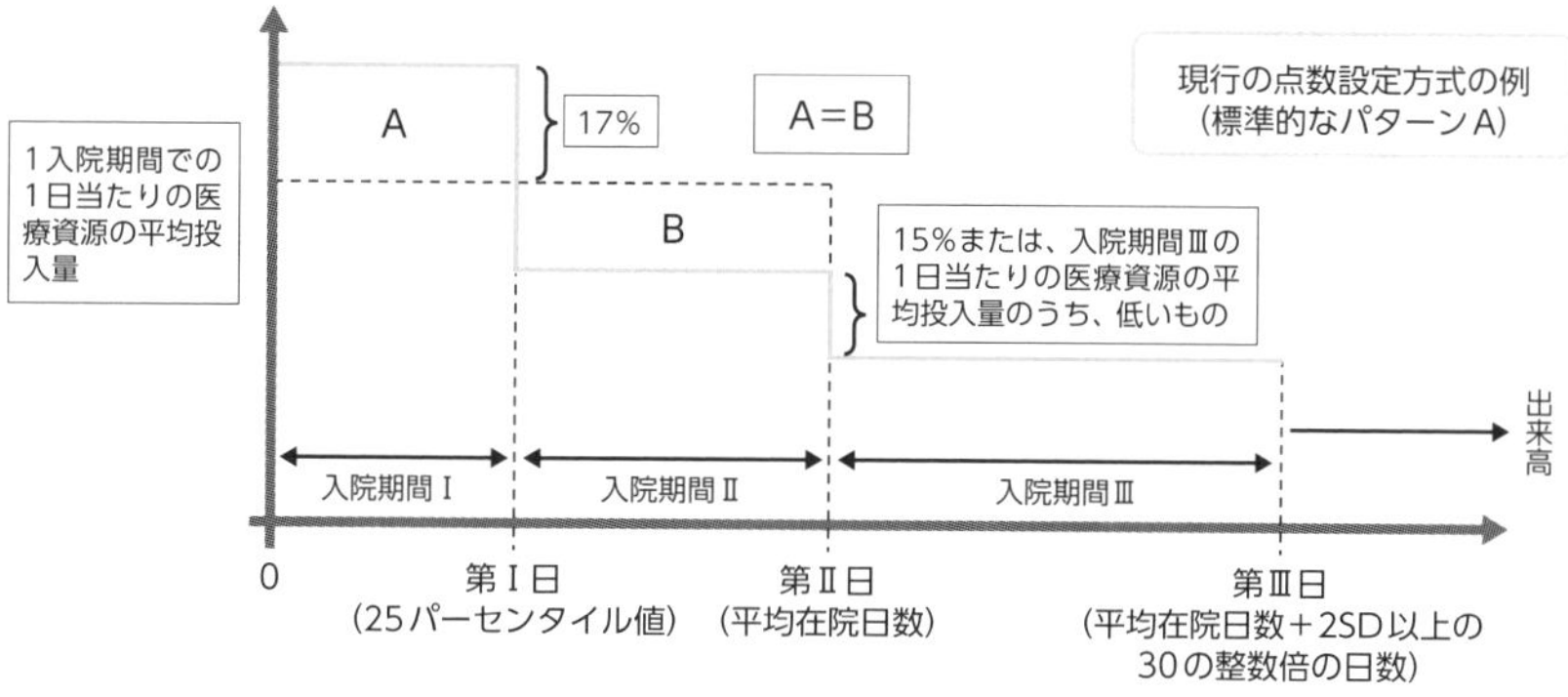


出典：厚生労働省「令和6年度診療報酬改定の概要 入院Ⅴ（DPC/PDPS・短期滞在手術等）」
（https://www.mhlw.go.jp/content/12400000/001221678.pdf）

# 15 自立支援介護で重要な利用者の目標設定

自立支援介護の効果を実感してもらうためのコツは、頻繁にコミュニケーションをとることです。

## 体調を尋ねて実感を引き出す

繰り返しになりますが、デイサービスで自立支援介護を体験された方には、翌日電話をして体の状態を尋ね、効果を実感してもらうことが非常に大切です。

また体験者の家族やケアマネジャーと電話で話すときには、「体調がよくなったと感じているなら、週2～3回うちのデイサービスに通ってみませんか」という、営業的な言葉でいうとクロージングも必要です。

## 目標設定の重要性

モチベーション理論はすでに学問的に確立されていて、元気な高齢者の理論と実践はありますが、要介護高齢者、特に寝たきりや寝たきりに近い人のモチベーションを上げる研究は、ほとんどないといわれています。

しかし、それを行っていかないといつまでも重度の方を元気にすることはできません。

ポイントとなるのはコミュニケーションです。自立支援介護では介護スタッフが利用者としっかりコミュニケーションをとらないと、利用者の目標設定ができませんし、モチベーションを上げることもできません。

要介護度が重い高齢者に「歩けるようになりましょう」と言っても、それが可能だとは思ってもらえません。身体が思うように動かない状態で「もう一度元気になりたい」と強い希望をもつのは、非常に難しいのです。

元気になることをあきらめている状態から「もしかしたら元気になれるかも」という自己効力感を引き出し、最終的には「絶対に元気になりたい」という強い思いをもってもらうことが重要です。

そのためには、利用者、場合によっては家族の話を傾聴し、これまでの人生のストーリーを共有しながら、現在の状況を正確に把握すること。その上で、利用者が残りの人生をどう生きていきたいかを一緒に考え、目標設定を

## 体調自己管理ノート

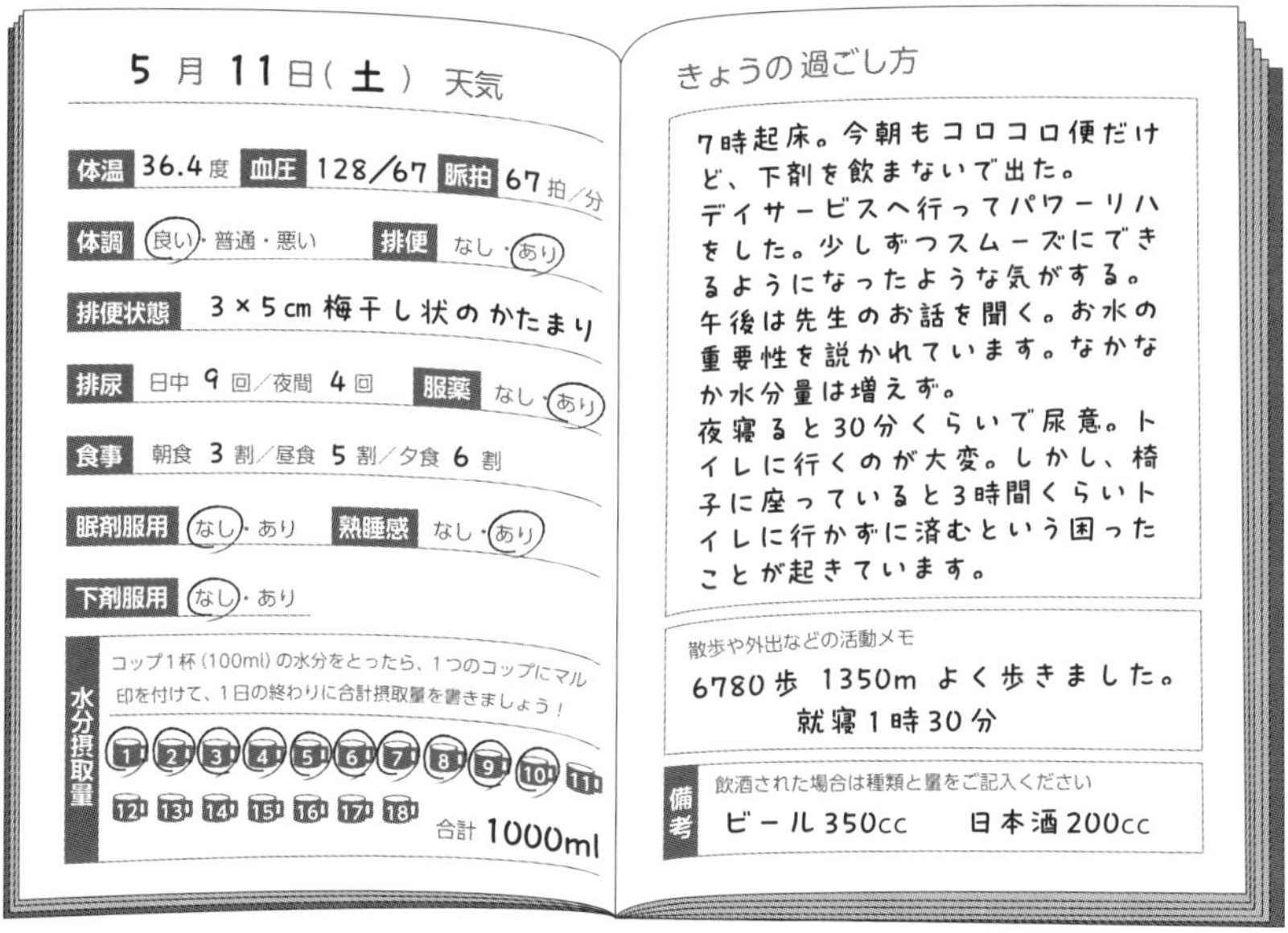
5月11日（土）天気
体温 36.4度 血圧 128/67 脈拍 67拍/分
体調 良い・普通・悪い 排便 なし・あり
排便状態 3×5cm 梅干し状のかたまり
排尿 日中 9回/夜間 4回 服薬 なし・あり
食事 朝食 3割/昼食 5割/夕食 6割
眠剤服用 なし・あり 熟睡感 なし・あり
下剤服用 なし・あり
水分摂取量
コップ1杯（100ml）の水分をとったら、1つのコップにマル印を付けて、1日の終わりに合計摂取量を書きましょう！
1 2 3 4 5 6 7 8 9 10 11 12 13 14 15 16 17 18
合計 1000ml
きょうの過ごし方
7時起床。今朝もコロコロ便だけど、下剤を飲まないで出た。
デイサービスへ行ってパワーリハをした。少しずつスムーズにできるようになったような気がする。
午後は先生のお話を聞く。お水の重要性を説かれています。なかなか水分量は増えず。
夜寝ると30分くらいで尿意。トイレに行くのが大変。しかし、椅子に座っていると3時間くらいトイレに行かずに済むという困ったことが起きています。
散歩や外出などの活動メモ
6780歩 1350m よく歩きました。
就寝1時30分
備考
飲酒された場合は種類と量をご記入ください
ビール350cc 日本酒200cc

## 利用者のこれまでの人生、価値観を把握するための工夫例

| アイテム | 目的 | やり方 |
|---|---|---|
| CLUE CARD（クルーカード） | 利用者がどのような介護を望んでいるかを知り共有する | 介護にありがちなシチュエーション（例：黙って車いすを押される）が書いてあるカードを選びながら、より良いケアの手掛かりを探していく。「私がして欲しい介護・大切にして欲しいこと編」と「私がして欲しくない介護・望むこと編」の2パターンを使用できる<br>C：care（介護の手掛かり）<br>L：love（愛する手掛かり）<br>U：understand（理解する手掛かり）<br>E：enjoy（楽しむ手掛かり） |
| エンゲージメントカード（価値観カード） | 利用者の価値観を知り共有する | さまざまな価値観が描かれたカードから、設定したテーマに合うカードを選択し、なぜそのカードを選んだのかについて語り合いながら、相手への理解を深めていく |
| フォトセラピー | 利用者のこれまでの人生を共有する | 利用者に大事な写真を10枚持って来てもらい、10枚の写真について本人に語ってもらう |
| 人生の折れ線グラフ | 利用者のこれまでの人生を共有する | これまで生きてきてとてもよかったことと、悪かったことを数値化して折れ線グラフで示してもらい、本人になぜそのようになったかを語ってもらう |

することが非常に大事です。

## 利用者の人生のストーリーを共有する

高齢者の中には「歩けるようになったら、これがしたい」と意欲的な人もいれば「そんなことは無理」と頑なになる人もいます。こんなときは、家族や遠く離れた親戚、知人にヒアリングしながら、利用者を元気にする切り口を見つけていきます。

大事なのは、これまで生きてきた利用者の人生のストーリーを共有することです。すると「実は昔よくゴルフに行っていた」といった話が出てきます。

その切り口を見逃さずに「ゴルフがお好きだったのですね。私の言うことを信じて、半年間リハビリをしませんか。ゴルフ場に行くのは無理でも打ちっぱなしの練習場に行けるようにお手伝いします。一緒にがんばりましょう」と励ますのです。

## モチベーションを維持する

目標設定ができたら、介護スタッフは細かく目標管理や進捗管理を行って利用者のモチベーションを上げていきます。

目標の観点から比較すると、生活リハビリテーション系のデイサービスは、畑仕事などを一緒に行うので仲間と会うことが楽しみになり、デイサービスに通うことが目標になりやすいのです。一方の自立支援介護は介護度の改善が目標で、歩くことが中心になるので、モチベーションを維持できない人も出てきます。

当社のデイサービスでもこんなことがありました。

ある利用者が「ここに来ても効果が感じられないから休む」と言うのです。所長は「そんなことありませんよ。これを見てください」と、入所時に行ったTUGテスト（運動器不安定症の指標。次ページ参照）と3か月後のTUGテストの映像をお見せしました。

するとその方は涙を流しながら「気づかなかった。自分はこんなによくなっていたのか」と、再び意欲的にデイサービスに通うようになりました。

介護スタッフは、適切な問いかけをして、利用者が気づいていない効果を引き出してあげることが重要です。

ワクワクするような目標がもてると、それが目標達成に至る大きな原動力になります。

寝たきりだった人が思い出のレストランに行けた、車いすだった人が徒歩で孫娘の結婚式に参列できた、そんな事例が多数あります。

## お世話型、セラピスト、個別リハ、生活リハ、自立支援介護の特徴

| | お世話型介護（従来の介護） | セラピスト、個別リハビリテーション | 生活リハビリテーション | 自立支援介護 |
|---|---|---|---|---|
| 内容 | できなくなったことを介護職が代わりに行う | 理学療法士等によるマンツーマンでのリハビリテーション | 生活の中で進めるリハビリテーション | 脱水・低栄養・歩行等の改善 |
| 目的 | お世話 | ADL・IADL改善 | 生活機能改善 | 要介護度改善、介護保険からの卒業 |
| 成果 | × | ◎ | ○ | ◎ |
| 人件費/生産性 | ◎ | × | × | ◎ |
| 再現性 | ◎ | ○ | △ | ◎ |
| 社会保障費抑制効果 | × | △ | △ | ◎ |
| 総合力 | × | ○ | ○ | ◎ |

## TUG (Timed Up and Go test) テスト

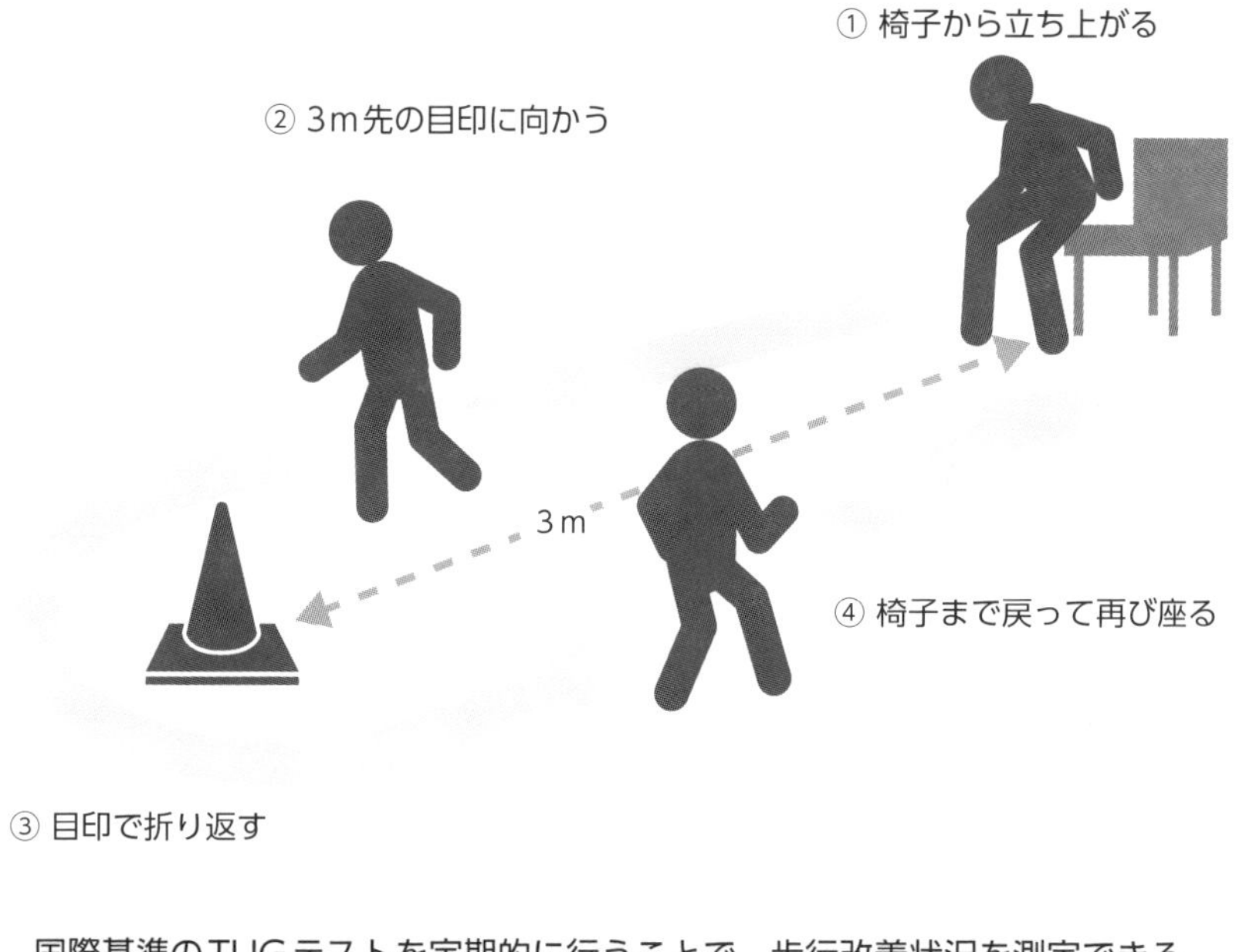


国際基準のTUGテストを定期的に行うことで、歩行改善状況を測定できる。
転倒予防のために、介護スタッフが付き添って歩くなどが必要。

# 16 デイサービスがない日のアプローチはどうすればいい？

デイサービスに来ていないときに基本ケアや習慣化をどうするかも、介護スタッフの大事な仕事です。

## 行動を継続させるために必要なこと

自立支援介護のケアを行うことで、高齢者のＡＤＬはみるみる改善されていきます。こうしたケアは、デイサービスがない日でも自宅で継続的に行っていくことが必要です。けれども悪い習慣はすぐについてしまうのに、良いことの習慣化は難しいものです。まして、高齢者が長年続けてきた生活習慣を変えるのは簡単ではありません。

介護スタッフにいわれて仕方がないから歩くのでは成果が出ません。勉強や習い事と一緒です。自分で納得して、腹落ちしないと習慣化しないのです。

行動を習慣化するには「きっかけ（トリガー）」が必要です。自宅に閉じこもっていた高齢者にとってのトリガーは、デイサービスに通うことです。

私たちは何かを達成したときや誰かに褒められたとき、もっと頑張ろうという気持ちになります。自立支援介護でいえば「以前より体調がよくなった」実感や、介護スタッフの励ましが行動を継続化させる燃料となります。

目標に向かって行動を継続していくと「習慣」が生まれます。

## 効率よく効果的な「合宿型」

習慣化するまでの期間は人によってさまざまですが、介護職は特に最初の2～3か月間は小さな変化も見逃さずに、ていねいなコミュニケーションで成果を引き出すことを心がけましょう。時間がかかってもあきらめずに声を掛けることです。声掛けをしながら利用者から「水を飲んだら調子がよい」とか「体を動かすと、気分もいいしお通じもよくなる」といった実感を引き出して、小さな成功体験を積み重ねてもらうのです。

とはいえ、自宅にいるときはどうしても体を動かすのがおっくうだという利用者もいます。「自立支援介護の徹底的な実施」を達成させるためには、「合宿型」がより効率的で効果が高いという検証結果が出ています。

## 当社が提供する「合宿型」デイサービス等

| 名称（場所等） | 内容 |
|---|---|
| ポラリスステイ大津大江（滋賀県大津市） | 自立支援型サービス付き高齢者向け住宅。併設のデイで自立支援介護を受けることができる |
| ポラリスデイサービスセンター中筋（兵庫県宝塚市） | デイサービスの2階が一般住宅になっている。夫婦や親子で6か月間程度生活が可能。同市内に自立支援型ケアプランセンターと訪問介護事業所がありサポートを受けることも可能 |
| ポラリスデイサービスセンター門真上島（大阪府門真市） | 2階にシェアハウスがあり、3～6か月間程度滞在しながらデイサービスに通うことができる |
| ポラリス×クルーズ（世界一周クルーズ） | 7万トンの豪華客船Pacific World号で3か月間世界一周クルーズをしながら自立支援介護が受けられる。船内や寄港地では介護スタッフによる介助も受けられる。日本一周のコースもある |

下の写真は、介護ツーリズムの一環である「ポラリス×クルーズ」の様子。海を見てリフレッシュしながらリハビリテーションに取り組める。

利用者に正しい運動姿勢を取ってもらうため、船内でも通常と同様の動作サポートを行う（写真左）。運動前の準備体操を身体に無理のない範囲で座位のまま、安全に行う（写真右）。撮影：吉田タイスケ

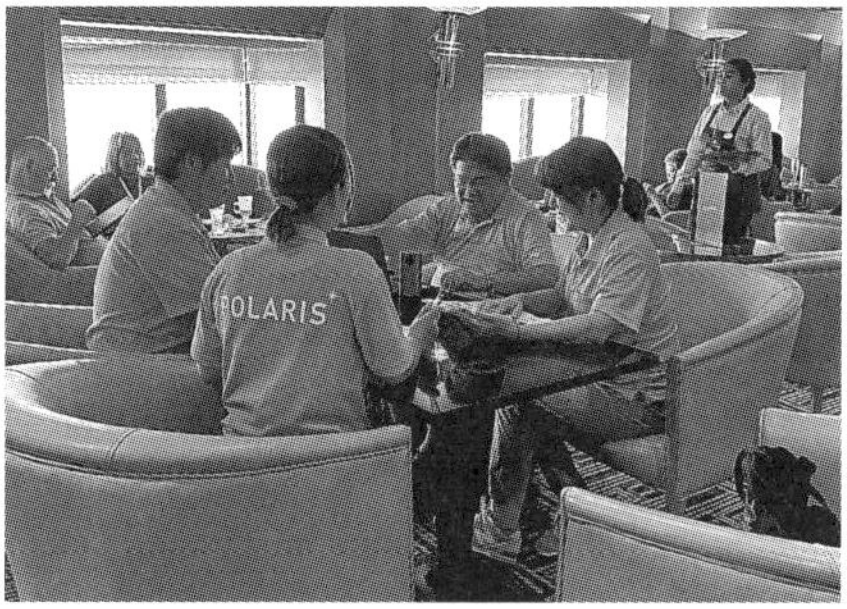


2024年4月出航のクルーズでは、筆者のほかに当社介護スタッフの介護福祉士、看護師、機能訓練指導員の3人が乗船。105日間のクルーズ期間中、利用者の体調管理を行いながらそれぞれに合わせたプログラムを設定している

コラム

# 生産性向上のための取り組み③

厚生労働省が公開している生産性向上の7つの取り組みから、残り③〜⑦の5つを紹介します。①②の取り組みについては、66ページを参照してください。

**③手順書の作成**

同じ業務でも、人によって手順や方法が異なることがあります。手順書があれば偏りのない介護サービスを提供することができます。

現状の業務の手順や方法を書き出して、業務が一元化された手順書を作成しましょう。文字を少なくして写真や図を多用した、わかりやすいものにします。

**④記録・報告様式の工夫**

現場で作成している介護記録や帳票などを改めて検討し、整理した上で、使いやすさや、見やすさを工夫した新しい様式をつくります。目標設定と達成状況を記載するなど、介護スタッフの達成意欲を高める工夫も必要です。

**⑤情報共有の工夫**

情報を一元化するためにタブレットやインカムなどのＩＣＴ機器を活用しましょう。転記作業の削減や、一斉同時配信による報告・申し送りの効率化、情報共有のタイムラグを解消することができます。

**⑥ＯＪＴの仕組みづくり**

人材育成には、現場で業務を行いながら実地で研修していくＯＪＴ（On the Job Training）が重要です。教える側によってブレが生じないように教えるべき内容と手順等を明確に決めておきます。ただし相手に合わせて柔軟に対応することも必要です。教える側への研修会や勉強会など、指導技術を身につけさせる仕組みもつくります。ＯＪＴの効果を上げるためには、定期的に職員を評価し、評価結果を伝える機会を設けておきます。

**⑦理念・行動指針の徹底**

手順書やマニュアルにないイレギュラーな事態が発生したときも、組織の理念や行動指針がはっきりしていればそれに即した判断や行動ができるようになります。組織に理念を浸透させる方法として、毎日の朝礼で唱和したり理念や行動指針を名刺サイズのカードに記載したりなども検討してみましょう。

# 第5章

# 介護業界、介護保険制度が抱える解決すべき課題

# 1 採用力強化で、まずやるべきこと

小さな事業所でもハローワークの求人票を工夫するだけで、強力な採用ツールになります。

## ハローワークを最大限に活用

ハローワークは正式名称を公共職業安定所といい、厚生労働省が運営する行政機関です。企業は無料で求人票を出すことができるほか、助成金等を受けとることもできます。

民間の求人媒体や有料人材紹介サービスに重きをおく介護事業者が増えていますが、さまざまな媒体に手を出すより、まずはハローワークを最大限活用することを強くお勧めします。

厚生労働省の調べによると、2022（令和4）年度ハローワークのインターネットサービスの1日平均のアクセス数は約240万件（トップ画面へのアクセス数）にも達します。ハローワークに求人を出しても応募がない場合は、求人内容に魅力がなかったり、そもそも求人票が見られていなかったりすることが非常に多いのです。すぐに実行できる工夫を3つ挙げてみます。

**①応募したいと思わせる求人票に**

なによりも要点を絞ってわかりやすい文面にすることが必要です。また、自社の強みをアピールして「この会社おもしろそう」「とりあえず話を聞いてみようかな」と介護経験を問わず興味をもってもらえる内容にしましょう。

**②求人票はまめに更新**

たとえ一言でもいいので、提出済みの求人票に変更を加えて、まめに更新するのも大事です。更新後は最新情報として扱われ、検索トップに表示されます。また、同じ地域の同業者の求人票もまめにチェックしましょう。最近エントリーが少ないと思っていたら地域の事業所の給料の相場が上がっていた、なんてこともよくあります。

**③窓口の担当者と仲良くなる**

求職者が相談に行った際などに担当者が「こういうところがありますよ」と言ってくれると、求職者が興味をもち、応募数が増えることが少なからずあります。ハローワークに顔を出して担当者に挨拶したり、自社の強みを説明したり、最近の応募状況を聞くなどして担当者に顔を覚えてもらいましょう。

## ハローワークの求人票の記入ポイント

●職種

介護職／正社員　◎車通勤ＯＫ

デイサービスや介護施設は駅から離れた場所にあることが多いので、車通勤可は魅力

●仕事内容

当施設はリハビリに特化したデイサービスです。

歩けなかった方が歩けるように、住み慣れた自宅でイキイキと暮らしていただくためにリハビリのサポートをします。

自社の強み・理念をアピール

●仕事内容

・リハビリの補助（リハ機器への誘導）

・利用者様のメンタルケア（元気が出る声掛け）

・ドリンクの提供、飲まれた水分量のチェック

・軽自動車での送迎

・お風呂なしのデイサービスで入浴介助なし

仕事内容はできるだけ具体的に

入浴介助の有無は求職者にとっては気になるところ

●求人に関する特記事項

「働きたい」と思われるよう特記事項はできるだけ充実させる

◎安心して勤務していただける点

・入職後すぐに事業所にてオンライン研修があります

・入職後3か月はプリセプター（先輩介護職）がつきます

・未経験者でも先輩が丁寧にサポートします。必要に応じてサポートを継続します

経験者、未経験者問わずに安心して働けることをアピール

◎多様な人材を募集

・資格を利用してキャリアアップしたい方

・キャリアチェンジをしたい方

・無資格者・未経験者歓迎

◎子育て応援（福利厚生の一部）

・ひとり親手当、保育手当（未就学児を扶養）あり

求職者が「自分が当てはまる」と思える内容を

◎その他

・職員は実務者研修を無料で受講いただけます

・見学可能です

・オンライン自主応募の場合は紹介状不要です

### 求人に関してよく出る質問

**Q 有料の人材紹介会社を使ってみたいが、注意点は？**

民間の有料人材紹介会社を使う場合、年収の30～40%の成功報酬が発生することもあります。そうなると100万円を超える紹介料になるので、有料人材紹介会社を選ぶときは慎重に検討しましょう。あらかじめ採用単価（採用にかかるコスト）の上限金額を決めておくことも必要です。

# 2 介護スタッフの定着率を上げるために

## 介護業界全体が人材確保に悩む今、「辞めない環境づくり」をすることが重要です。

### 人事力を鍛える

どの事業所でも頭を悩ませているのが介護スタッフの定着率であり、当社も例外ではありません。最優先にしたい解決策は、商品（介護サービス）力を高めることだと思いますが、人材確保に関しては「やれることは全部やる」という心構えも大事になります。これからの日本は、少なくとも私たちが生きている間に労働人口が増えることはほぼなさそうです。他業種はもちろん同業種との競争に勝つためには、人事力つまり、採用力、育成（研修）力、定着率を上げることが非常に重要です。

自立支援介護の実践は、精神的にも肉体的にも大変なので「こんなはずではなかった」と辞めてしまう人が少なからずいます。反対に「自立支援介護は私がやりたかったこと」「ここで働きたい」と言ってくれる人は定着率がよく頑張ってくれます。

自立支援介護が合う人、合わない人がいますが、結局、会社の理念に共感してくれる人が長く働いてくれる人だと考えています。理念は定めていない、あるいは形骸化しているという事業所は、早急に明確にしましょう。経営層や管理者はどんな事業所にしたいのか、どんな介護をしたいのかを見える化して、折に触れ全力でそのことをスタッフに伝えるべきだと思います。

### 職場環境をよくする工夫――デジタルSNS「ポラトーク」

介護スタッフの離職理由の１つが人間関係の悩みである。スタッフ間のコミュニケーションを活発にするために、当社では「ポラトーク」という名前を付けてビジネスチャットツールを導入し、次のようなデジタル社内報にも活用している。

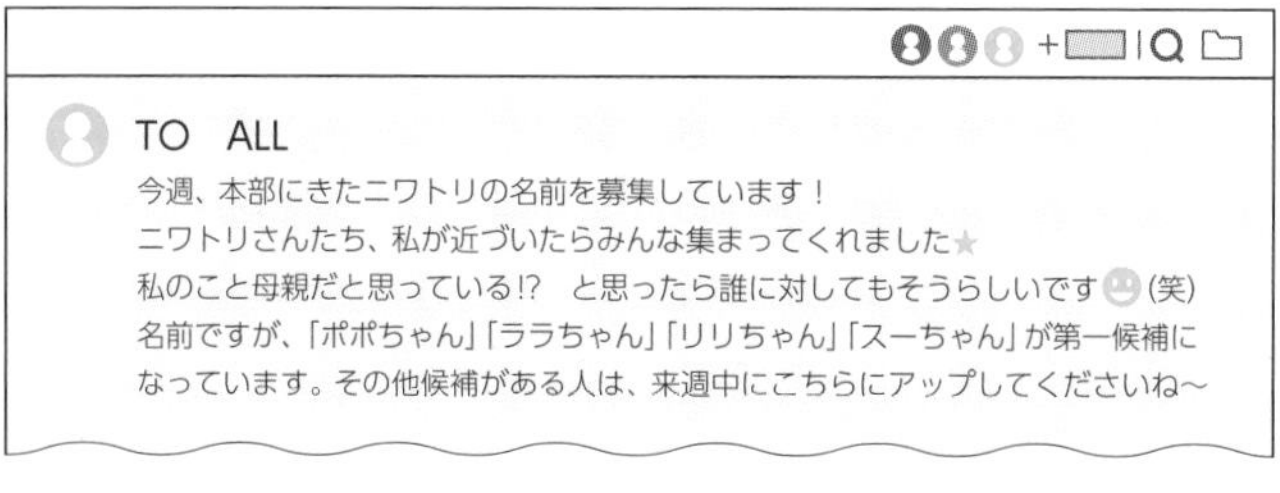
TO ALL
今週、本部にきたニワトリの名前を募集しています！
ニワトリさんたち、私が近づいたらみんな集まってくれました★
私のこと母親だと思っている!?　と思ったら誰に対してもそうらしいです（笑）
名前ですが、「ポポちゃん」「ララちゃん」「リリちゃん」「スーちゃん」が第一候補になっています。その他候補がある人は、来週中にこちらにアップしてくださいね～

# 3 スタッフのメンタルヘルスケアを考える

介護の現場で元気に働くには、メンタルヘルスケア・マネジメントが欠かせません。

## メンタルヘルスケアの仕組みづくりを

介護の仕事は肉体的にもしんどいですが、加えてさまざまな精神的ストレスにもさらされます。

心の不調のサインは、一人で抱え込むことが多いものです。

リーダーや管理職は介護スタッフのいつもと違う状態に注意をはらう必要があります。

当社では、仕事やプライベートの悩みなど何でも相談できる窓口を設けるなどの対応をしています。相談は人事以外の本部スタッフが応対して、相談内容が外に漏れることがないように守秘義務を厳守しています。

また、職場のリーダーや管理職には、メンタルヘルスケア研修を行っています。スタッフの様子がいつもと違うなど心配なときには、まず本部に報告してもらい、すぐに産業医につなげるようにしています。

心の不調の早期発見のためにもメンタルヘルスケアの仕組みをつくって「言いだしにくい」「相談しにくい」雰囲気を職場から払拭できるのが理想的といえるでしょう。



### 周囲が気づくメンタルヘルスの不調

- 欠勤・遅刻・早退が増える
- 表情に活気がなく、動作にも元気がない（あるいはその逆）
- 仕事のミスが増える
- 対人関係のトラブルが増える
- 仕事がはかどらないことが増える
- 集中力が低下している
- 身だしなみを気にしなくなる
- イライラした態度が目立ち、怒りっぽくなる
- 気持ちが不安定になる
- 報告や相談、口数、職場での会話が少なくなる（あるいはその逆）
- 悲劇的な言葉が増え、涙もろくなる

参考資料：一般財団法人あんしん財団「こころの健康度チェックリスト」
（https://www.anshin-kokoro.com/Portals/0/resources/tool/checklist_dl.pdf）

# 4 シングルマザーへの就業支援

シングルマザーへの就業支援は、事業所と働く側の双方に利点があります。

## 「住・育（保育）・職」を支援

日本では離婚率の上昇に伴い、ひとり親家庭が増えていますが、ひとり親の女性が仕事、家事、育児を一人で担うのは容易なことではありません。

当社では、2019（平成31）年に新規支援事業「ママ幸《さち》プロジェクト」を開始しました。

シングルマザーの多くが直面するのが、「住む場所」「働く場所」の確保、加えて未就学児を抱えている場合は「預ける場所」の確保です。企業側がこの3点を提供しないとシングルマザーが抱える問題は解決しないと考え、当社の本社ビルに、住居（シェアハウス）、企業主導型保育所、デイサービス（職場）をつくり「住・育（保育）・職」が1つの建物に入った環境を整えています。家賃の半分は会社が負担し、入居者の子どもの保育料も補助しています。

住居や保育園などのランニングコストは確かにかかりますが、「働くところ、住むところ、子どもを預けるところがないという切羽詰まった状況が解決して救われた」と、仕事も頑張ってくれるので会社にとっても大きなメリットがあります。

シングルマザーだけでなく、短時間勤務や出勤時間をずらせるフレックス制度などを設けて、小さな子どもがいる親が働きやすい工夫もしています。

## 小規模事業所でもできる工夫

経営規模が小さい事業所であっても、空き家を借り上げて家賃の一部を会社が負担するという方法もあります。

会社で一括して空き家を借り上げれば入居時の連帯保証人の必要がありません。保証人の問題に頭を悩ますシングルマザーにとっては大きな助けになるでしょう。東京都などでは会社が借り上げた住宅に介護職が住む場合、家賃補助を行うような制度もあります。

また、介護事業所が自ら保育施設を設置しなくても地域の企業主導型保育所と契約することで、保育施設の利用が優先的になる場合もあります。

## シングルマザー支援をする企業側のメリット

| |
|---|
| 人材を確保しやすくなる |
| ひとり親の積極的な採用によって企業イメージが高まり、職場環境のアピールにつながる |
| キャリアアップなどの長期的なビジョンを具体的に示すことで、長期的な雇用が期待できる |
| シングルマザーは経済的な理由もあってか、定着率が高い傾向にある |
| シングルマザー・ひとり親の積極的な雇用を促すためにある、特定求職者雇用開発助成金、トライアル雇用奨励金、キャリアアップ助成金の加算などが利用できる |

## ママ幸シェアハウスの主な入居条件など

- シングルマザーであること
- 入居後ママ幸プロジェクトの運営に参加できること
- 当社社員として、本社及び本社所在地市内にあるデイサービスで、介護・看護職員等として働けること（調理師・栄養士の資格がある方は、本社内の厨房・食堂での勤務応相談）
- 当社の経営理念と、シェアハウスのコンセプト（自立支援、シェアリングエコノミー）を理解できること

※家賃6万円（そのうち会社から3万円を補助）。別途水道・光熱費徴収、敷金・礼金無し。
※引っ越し費用立て替え制度あり（実費、上限20万円）。
※居室1K（キッチン・バス・トイレ・エアコン・冷蔵庫・収納完備）。
※洗濯機は共有スペースにあり。
※当社の採用基準に基づき、通常どおりの面接と審査あり（遠方の方はオンライン面接も相談可）。

住居（シェアハウス）、企業主導型保育所、デイサービス（職場）が入った本社ビル

# 5 外国人介護職員の受け入れをどう考えるか

外国人労働者も国や業界を超えて、激しい奪戦が始まっています。

## 厳しい外国人労働者の人材確保

深刻さを増す介護業界の人材不足対策として国が力を入れている施策の1つに、外国人の介護人材の活用があります。

しかし、円安の影響や、賃金で他国に雇い負けするなど、日本の外国人労働者の人材確保は厳しい状況にさらされています。

介護職は日本の業界の中でも人気のある業種とはいえません。選ばれる事業所になるためには、賃金や福利厚生が大きなポイントになりますが、日本で得た就業経験を母国に持ち帰る人材還流の視点で考えれば、介護業界では自立支援介護が高い商品力になると筆者は考えています。

さらに介護需要が高まるこれからは、あたり前のように外国人の採用も考えていかないと勝ち残ってはいけません。

## 1つの国に絞らず複数の国を視野に入れる

では実際にどこの国から採用したらいいのでしょうか。外国人労働者数を国籍別に見ると、もっとも多いのはベトナムです。しかし、近年はハノイ市やホーチミン市等の都市部から人材を得ることが難しく、地方まで採用に行かないとならない状況にあります。さらに、ベトナム人の採用単価も跳ね上がっているのも見逃せません。

これからはベトナム以外の、インドネシアやミャンマーなどに視野を広げて雇用するとよいのではないでしょうか。雇用する際は送り出し機関と呼ばれる、本国の人材派遣の役割を担う会社によっても仲介手数料は異なるので、トータルで支払う金額を検討する必要があります。

また送り出し機関によっては、日本語のスキルが低いまま送り出すところがあります。日本語もおぼつかない、介護の仕事もわからないと、本人も回りも非常に苦労するのが介護の現場です。いろいろな意味で良い送り出し機関を選ぶことも大切です。

## 技能実習生の採用時に支払った費用総額（国籍別）

2022（令和4）年に国が公表した技能実習生の支払い費用に関するデータによると、来日前に母国の送り出し機関または仲介者に支払った費用の総額の平均値は約54万円。国籍別の平均値を見ると、ベトナムがトップで約69万円。一方フィリピンの支払費用総額は約9万円と、国によって大きな差があることがわかる。

| 支払費用総額 | 平均値（円） | 【参考】母国通貨 |
|---|---|---|
| ベトナム（n=659） | 688,143 | 136,374,030（ドン） |
| 中国（n=281） | 591,777 | 32,614（元） |
| カンボジア（n=68） | 573,607 | 20,268,795（リエル） |
| ミャンマー（n=80） | 287,405 | 4,432,520（チャット） |
| インドネシア（n=242） | 235,343 | 29,148,238（ルピア） |
| フィリピン（n=39） | 94,821 | 41,975（ペソ） |
| 全体（n=1,369） | 542,311 | ― |

出典：法務省「技能実習生の支払い費用に関する実態調査の結果について」（https://www.moj.go.jp/isa/content/001377469.pdf）



### 自立支援介護でよく出る質問

**Q ベトナム人ばかり雇用しています。複数の国の人を雇用するのは大変では？**

これまでベトナム人だけを雇用していたということですから、ほかの国の人を雇用すると言葉の問題、習慣の違いなどから、新たに対応しないといけないことが多く、面倒に思えるかもしれません。

今、日本で働くインドネシア人が増えているようです。インドネシア人はほとんどがイスラム教を信仰していますので、礼拝の時間や礼拝場所の確保、断食月（ラマダン）に対応する必要があります。礼拝時間の問題は、その時間を休憩時間にしてあげることで解決できます。また豚肉など特定の食べ物はイスラム教の教えにおいて禁止されていますので、食事面ではそういったものを避けるといった配慮が必要です。

特定の国だけに頼ると何かあったときのリスクが高くなります。リスクを避けるためにも、2か国、あるいは3か国からの受け入れが必要だと思います。

# 6 IT化・ICT化は、どこから始めればよいか

業務効率化、生産性向上を図るためにICT化は、待ったなしの状況です。

## 今後は介護DXが必須になる

2021（令和3）年度の介護報酬改定時から、国は介護現場におけるIT化・ICT化に大きく舵を切り始めました。業務負担を軽減しながらサービスの向上を目指すことが求められているのです。

少ない介護スタッフで質の良いサービスを提供していくために、これからはAIやIoT（Internet of Things／モノのインターネット）機器、ICTなどのデジタル技術を取り入れ、介護現場の業務効率化や生産性向上などへとつなげる介護DX（デジタルトランスフォーメーション）が必須になるでしょう。

けれども手作業やアナログでの業務が多い介護の現場では、そもそもITツールは敬遠されがちです。ITツールを導入するというと現場で拒絶反応を示されるケースも少なくありません。

## 初心者でも使いやすいツールからスタートを

当社も「ITツールを取り入れても、現場では使えない」という懐疑的な雰囲気がありました。

当社では比較的介護職でも使いやすいChatwork（チャットワーク）を採用していますが、Google Chat、Slack（スラック）、LINE WORKSなど、どれもビジネスチャットは使い方が比較的簡単にできているので、誰でもすぐに使いこなせるようになると思います。

いつでも誰でも自由に投稿できて、スマートフォンからでも確認ができるので、業務連絡以外にも社内の大切なコミュニケーションツールになっています。

例えば「○○さん、先日赤ちゃんが産まれたそうです！おめでとう！」など部署や上司、部下関係なく気軽にチャットを楽しめるようにしています。

現場のIT化・ICT化を推進するために、まずはこうしたIT初心者にも使いやすいツールの取り組みから始めてみてはいかがでしょう。

## 当社が活用している「すぐにできるICT化」一覧

| ICT | 用途 | 商品名（社名） | 主な内容等 |
|---|---|---|---|
| ビジネスチャット | 業務連絡、社内報、コミュニケーション | Chatwork（株式会社kubell） | 従来はメールや電話でやり取りしていた相手とスピーディにコミュニケーションをとることができる |
| オンライン会議 | 会議、社外との商談、採用面接等 | Zoom（Zoomビデオコミュニケーションズ）、Microsoft Teams（マイクロソフト社） | インターネット環境があればどこでも会議ができる。社内や社外とのWEB会議やミーティング、オンラインの採用面接なども行っている |
| 人材マネジメント | 人材配置、人材育成 | カオナビ（株式会社カオナビ） | 異動履歴や評価結果、スキルなどの人材情報を一元的に管理できる。簡単にいうと、人事台帳の電子版である |
| グループウェア | 社内決済、スケジュール管理、勤怠管理 | J-MOTTO（リスモン・ビジネス・ポータル株式会社） | 社内決済、スケジュール管理など社内業務の効率化に活用 |
| シフト管理 | 勤怠管理システム | MINAGINE勤怠管理（株式会社ミナジン） | 出退勤の打刻や勤怠チェック、給与計算などに活用 |
| 電子連絡ノート | 利用者や家族、ケアマネジャー等との連絡 | ケアエール（SOMPOホールディングス株式会社 SOMPOケア株式会社） | デイサービスのスタッフ、ケアマネジャーなどの介護職と、利用者や家族とが、利用者の体調や自宅での様子、心情を写真や動画、音声を添えながら情報共有するのに活用 |
| 通所介護事業者向け送迎支援システム | 送迎業務のサポート | らくぴた送迎（ダイハツ工業株式会社） | 誰がどの送迎車を運転して、どういう順番で回るのかなど、送迎業務のシフト表を作成するのに活用 |

# 7 介護の専門性を高めるための社内研修

自立支援介護のスキルを上げるには、継続的な社員研修が欠かせません。

## 専門性を高めるために研修は不可欠

介護の専門性を高めるには、たゆまぬ努力と向上心が不可欠です。

そのため当社では、職員研修に力を入れています。例えば新人スタッフには企業理念やビジョン、基本的な業務スキル、ビジネスマナー等を学ぶオリエンテーション研修のほか、1～2年先輩がマンツーマンで指導するプリセプター制度を導入しています。新人スタッフにとっては、わからないことはその場で聞ける気やすさがありますし、先輩も後輩への指導を通じて自らの学びを深めていけます。

ほかに専門スキル向上研修や中間職～管理職向けの研修、カンファレンス（事例検討会）、事業所ごとにテーマを決めて行う月例研修（コンプライアンス管理、緊急時対応、認知症、食中毒、介護事故防止、感染症、ホスピタリティ、車両事故防止等）も行います。

また社内スタッフは、当社が行う社外向けの介護福祉士実務者研修を無料で受講できます。

研修がきつい、負担が多いと辞める人もいますが、利用者を元気にするためには専門性を高めなければならず、そのためには学びが必要であることを理解しているスタッフは、大変だといいながらもついてきてくれています。

当社では「自立支援クラブ」といって、社内の研修を社外の人に安価で提供する仕組みも設けています。

## 自立支援・重度化防止の実践法を学ぶなら

国が推進する自立支援・重度化防止の実践について、何をどう勉強したらよいのかわからないという人には、竹内孝仁先生の著書や自立支援クラブで勉強することをお勧めします。自立支援クラブではパワーリハやPウォークといった設備がなくても自立支援介護を実践する方法も個別に指導しています。まずはできる形から実践していくことが大事ではないでしょうか。

## 当社が運営する「自立支援クラブ」の研修内容

当社の自立支援介護の実践ノウハウを学べる社外向けのプラットフォーム「自立支援クラブ」の研修内容。社内研修と同様に初心者から所長クラスまでさまざまな内容で研修を行っている。

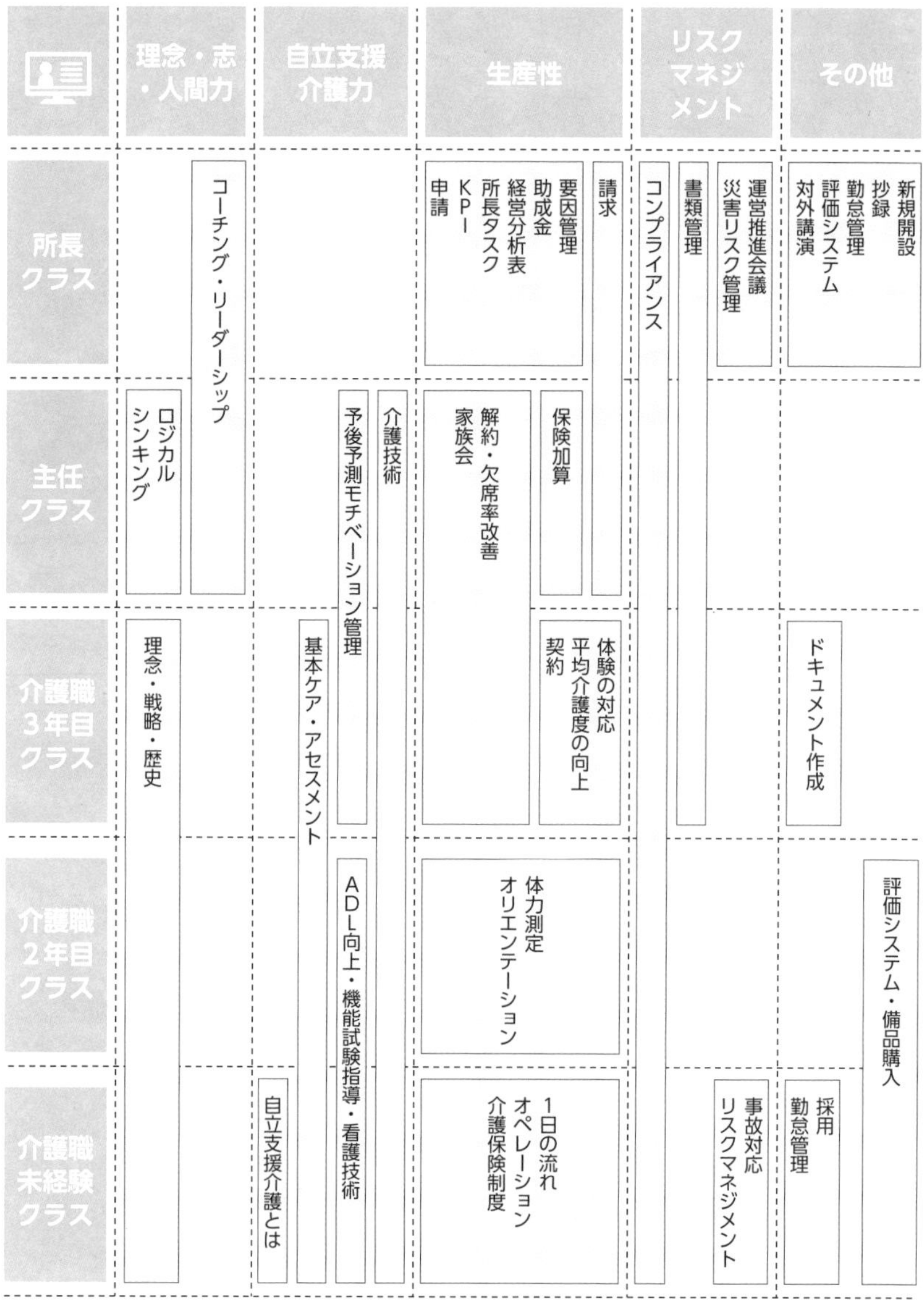

# 8 自立支援介護は専用マシンがなくても実践可能

資金面から専用マシンの導入に躊躇するかもしれません。専用マシン導入の利点について考えます。

## マシンは効率面・安全面に優れている

第4章で解説した5つの基本ケアを十分に理解していれば、マシンを導入しなくても自立支援介護は実践できます。例えば、利用者に高齢者向けの体操やNHKのテレビ体操などを行ってもらうことでも活動量を上げることができるのです。ただし、第2章で述べたように安定経営を行うには①質の高い自立支援（商品力）、②利益を出す力（効率性）、③法令順守・リスクマネジメントの3軸がカギを握ります。

パワーリハのマシンや安全性の高い免荷装置付きトレッドミルを用いたほうが、健康体操を行うよりはるかに効率的にかつ安全に、介護職だけで質の高い自立支援介護を実施できることは間違いありません。

## マシンの導入で人件費を抑制

そもそも自立支援介護は、特別養護老人ホームで始まりました。車いすや寝たきりの高齢者の歩行訓練には主にU字型歩行器を用いていて、1人の利用者につき2～3人のスタッフが転倒防止のために付く必要がありましたが、デイサービスでこのような歩行訓練を行うのは現実的ではありません。

そこで、専用マシンを導入することで生産性を上げることになりました。

マシンの導入にあたっては、資金や場所の問題で二の足を踏む経営者もいるでしょうが、マシンの導入はスタッフの人件費と比べればはるかに安くすみます。

例えば、パワーリハのマシンは一式で約400万円強します。仮にリース料が6機種合計で1か月約9万円だとすると、一月4週、週40時間働くとして、時給に換算すると1機種当たり約94円と100円を切る計算になります。

今後、業種を問わず慢性的かつ深刻な人手不足に陥ります。小規模事業所ほど積極的にパワーリハマシンやPウォークを導入し、人件費を抑えて介護の質や生産性を高めるべきです。

## パワーリハとフリーモーション、それぞれの特徴

| | パワーリハ（商品名：パワーリハビリテーション） | フリーモーション（商品名：レッドコード、TRX等） |
|---|---|---|
| 初期投資 | マシン導入に費用が掛かる。しかしマシン導入により人件費を大きく抑えることができるため、コストパフォーマンスに優れている | パワーリハマシンの10分の1程度の設備投資ですむ |
| 安全性 | パワーリハは一方向にしか動かないことと、ストッパー機能があるのが大きな特徴。例えば五十肩や股関節疾患などにより、医師から可動域の制限を指示されている場合でも、マシンにストッパー機能があるので可動域を超えることなく体を動かせる。リハビリ専門スタッフがいなくても、介護スタッフだけ安全に行える | フリーモーションは言葉どおりどの方向にも動くので、リハビリテーション効果がより発揮できる利点がある。しかしその反面、五十肩や股関節疾患などにより、可動域に制限がある人が行う場合は、リハビリ専門スタッフが付いたほうが安心である |
| スペース | マシンを置くためには、ある程度のスペースが必要 | パワーリハほど場所はとらない |

自立支援にはさまざまな方法があり、フリーモーションもその一つ。フリーモーションは、ケーブルの自由な動きで三次元的な軌道をつくり出して行う運動療法で、デイサービスで導入している事業所もある。パワーリハとフリーモーションのどちらを導入するか迷うかもしれないが、それぞれの特徴を踏まえて検討することをお勧めする。

## リハビリテーション用マシン、Pウォーク

右の写真は当社がメーカーと共同開発した、安全免荷装置付きの歩行マシン「Pウォーク」。天井からの吊り下げ式（免荷）のベルトが付いているから万が一転倒する心配がなく、膝や足への負担もない。腕を振って歩けるので、正常な歩行に近い形で歩行訓練が行えることも利点の1つ。介護スタッフ1人で同時に利用者3人までの歩行訓練が可能になる（写真参照）。

# 9 介護度改善と相性がいい、PFS／SIB事業

PFS／SIB事業をご存じですか。社会課題解決を目指す行政手法として今注目されています。

## 公民連携の取り組みPFS／SIB事業

社会課題の解決に向けた新しい取り組みに、官民連携の成果連動型民間委託契約方式「PFS(Pay For Success)」があります。国や地方公共団体が行政課題の解決のために民間事業者に事業委託をする際、成果に連動して委託料の最終支払い額が決まる仕組みです。

このうち「SIB（Social Impact Bond)」は、行政が投資家など民間資金を活用して事業を実施するもので、第三者評価機関による評価によって成果が上がったと判断されると行政が投資家に償還します。

大阪府豊中市では2019～2022（令和元～4）年にSIBによる禁煙支援プロジェクトを実施しました。豊中市の試算によると約2億5千万円の医療費削減につながったと報告されています。

## 介護度改善に活用したいSIB

実は介護度改善のインセンティブ制度は、SIB事業と非常に相性がいいといわれています。例えば前述の豊中市の事例でいうと、禁煙指導によって肺がんの患者数が減ったとき、どのような指導が肺がん予防につながり医療費が下がったのかは、評価が難しいところです。第三者評価機関が入るとはいえ、どのくらい医療費の削減につながったかは、あくまで試算です。

一方、介護度改善は、介護保険法で求められている認定調査そのものが国が定めたパブリックなものなので、評価機関が必要ないのではないかといわれています。介護度改善の成果も明確です。

SIB事業によって要介護高齢者の介護度が改善すれば、国や県そして社会保障費が下がり、結果的に社会保障制度の持続可能性が担保されます。

また、資金提供者には成果に応じて報酬が支払われ、高齢者は質の高い自立支援を受けられますからウィン・ウィンの結果が実現します。

## PFS/SIB事業の仕組み

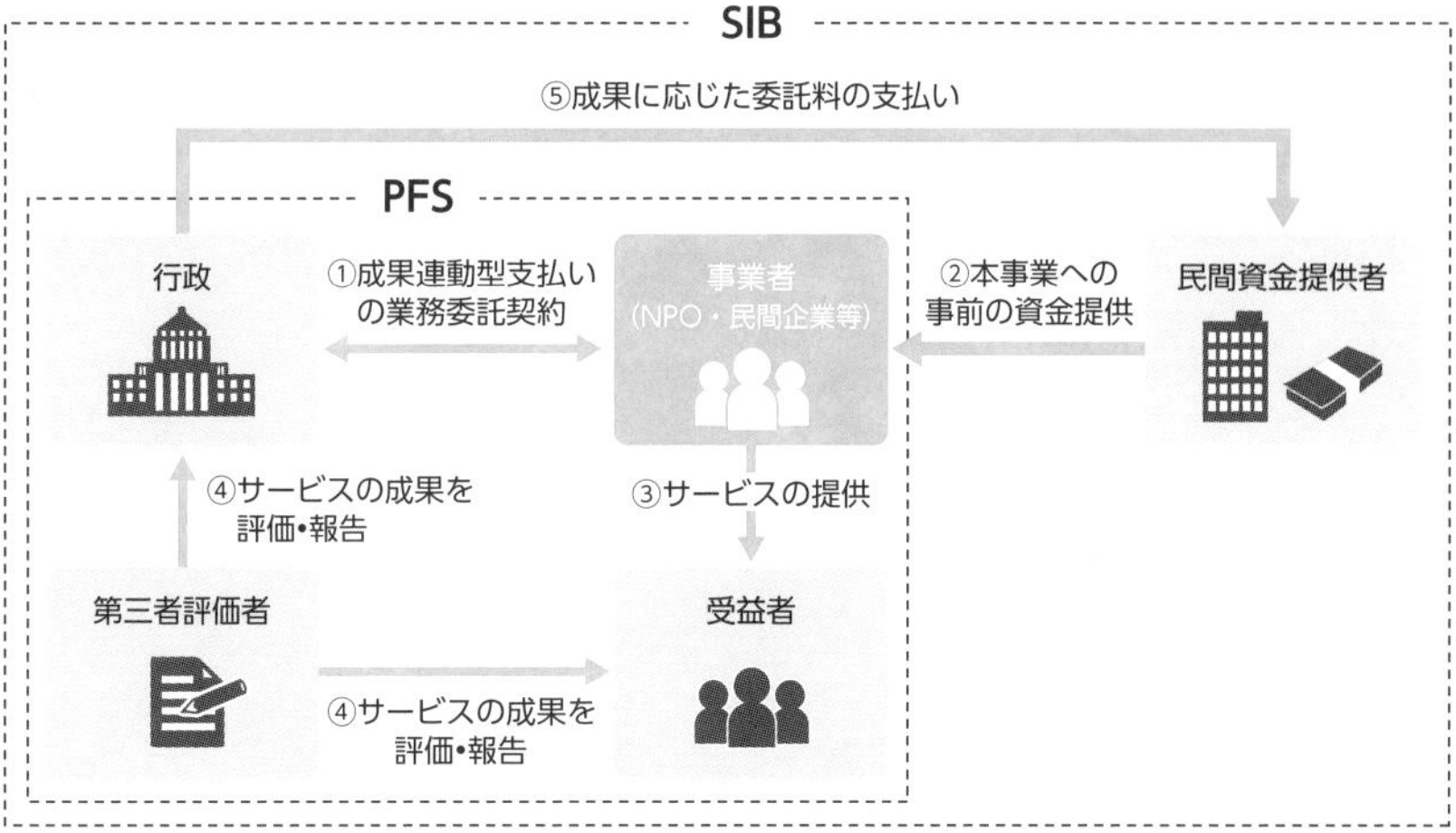


出典：一般財団法人 社会変革推進財団（https://www.siif.or.jp/strategy/sib/）

## 介護分野におけるPFS/SIB事業の主な事例

| 市町村名 | 実施年度 | 事業名 | 事業概要 |
|---|---|---|---|
| 東京都品川区 | 平成25年度 | 要介護度改善ケア奨励事業 | 入所・入居施設職員の意欲向上を図るとともにさらに質の高い介護サービスの提供の継続を推進することを目的に、サービスの質の評価を前提に、入所・入居者の要介護度の改善人数に応じた奨励金を支給 |
| 熊本県合志市 | 平成30年度 | 要支援認定者の生活自立支援 | 介護給付費の適正化を目指し、リハビリテーション専門職を配置して福祉用具・住宅改修利用に関する助言や自立支援プログラムを提供 |
| 福岡県大牟田市 | ・第１期：平成30年度<br>・第２期：令和元年度 | 要介護【要支援】認定者の自立支援促進による地域づくり事業 | 要介護（要支援）認定者の自立支援促進を目指したインフォーマルサービスと就労メニューを開発して提供 |
| 福岡県大牟田市 | 令和元年度 | 要支援・要介護者自立支援・重度化防止業務 | 市内全ての通所介護・通所リハビリテーション施設を対象に、施設利用者の要支援・要介護度の維持・進行抑制を目指したサービスを実施 |
| 奈良県奈良市 | 令和元年度 | 遊休耕作地を活用した認知症高齢者等の社会参加と認知症予防プロジェクト | 認知症者の就労・社会参加、認知症者と共生する地域社会の実現、地域経済の活性化を目指し、遊休耕作地での農業生産や観光事業を実施 |

出典：日本老年学的評価研究「成果連動型民間委託契約に関する各種調査・報告書等」
（https://www.jages.net/project/industry-government/sib/）より筆者抜粋

# 10 組織が連携する、コレクティブインパクト

横断的に組織が連携することで、持続可能な社会の実現へ貢献することができます。

## コレクティブインパクトとは

コレクティブインパクト（Collective Impact）という言葉があります。大学、企業、行政、NPO、財団、有志団体など立場の異なる組織が共同して互いの強みを出し合い、社会課題の解決を目指すアプローチのことです。

個人や一企業の力では解決できない社会問題も、さまざまな人や組織と力を合わせて同じ目的に向かうことで解決できる可能性もぐっと上がります。

介護業界も課題が山積していますが、PFS／SIB事業やコレクティブインパクトを活用して解決につながればと強く願っています。

## 組織横断的に社会問題を解決

筆者は自立支援介護の実践等を通じて、日本のみならず世界中の介護が必要な高齢者を元気にすることに挑戦しています。

高齢者を元気にすることで医療や介護業界の問題のみならず、医療介護連携や地方創生を通じて日本のさまざまな社会問題の解決につながると考えています。そこで企業、国、自治体、大学等と連携しコレクティブインパクトの実現を目指しています。

当社の例を挙げれば、パナソニックホールディングス株式会社と共同開発している「自立支援介護プラットフォーム」があります。デイサービスに来ていないときには、利用者の状態が把握できません。そこで、パナソニックと共同でウェアラブル機器やモバイル端末を用いて、リモート環境で高齢者の自宅での状況を把握できるリモートアセスメントシステムを開発していて、一部は運用を始めています。利用者の生活を様々な角度からモニタリングし、自立支援介護をAIで世界に広げることを目指しています。このほか、自治体や同業他社との提携もあります。

同業他社はライバルではなく同じ目的に向かって邁進する同志です。皆で力を合わせて介護の課題を解決していきましょう。

事例

# 大阪府高石市と連携して「日本一高齢者が元気なまちづくり」を目指す

## 介護度改善、介護給付削減プロジェクト

大阪府南部に位置する高石市は、健康増進の取り組みに力を入れている自治体の1つです。高石市では2011（平成23）年度より健幸長寿社会を創造するスマートウエルネスシティ総合特区の指定を受けて「健《けん》幸《こう》のまちづくり」に取り組んでいます。市民健幸づくり教室の実施や、歩きたくなるウォーキングロードの整備、歩数に応じて貯まったポイントを地域商品券などに交換できる健幸ポイント事業など、さまざまな事業を行っています。

また、急速に進む少子高齢化を乗り切るために、2017（平成29）年度には「健幸のまちづくり条例」を制定しました。産学官民が一体となって健幸のまちづくり行う協働の場として協議会を設立し、社会保障費の抑制を目指しています。

そんな中、当社の自立支援介護について同市にお話ししたところ、社会保障費の抑制など協議会の目的に一致することから、2021（令和3）年12月から3年間の協同プロジェクトが始動しました。

## デイサービスを開設し介護給付削減効果を検証

プロジェクトでは、自立支援介護の実践による要介護度改善や介護給付費削減の効果を同市が検証していきます。検証事業を進めるためにまず行ったのが、市内に地域密着型通所介護のポラリスデイサービスセンター伽羅橋を開設したことです。このデイサービスの利用者を対象に、介護認定審査でどれぐらい介護度が改善されたのか調査を実施しています。介護度改善を調べることで、それに応じての介護給付費の削減効果を検証することができるのです。

## 当社デイサービスにおける検証

本書を執筆中の2024（令和6）年6月現在、このプロジェクトは進行中なので、同市による介護給付費の削減効果の検証結果はまだ出ていません。

しかし、当社による1年後の調査ではポラリスデイサービスセンター伽羅橋における利用者の介護度改善率は、要支援は約20％、要介護は約50％、全体で約40％の利用者の介護度が改善されました。さらに翌年には4人の利用者が介護保険から卒業できました。

ポラリスデイサービスセンター伽羅橋でかかる年間の介護給付施策向けの想定費用を算出して高石市全体の介護関連事業に当てはめると、年間で14億3千万円の削減になる試算です。

## 市内事業者へ勉強会を実施

もう1つの取り組みは、勉強会です。同市に限らず、介護業界では従来のお世話型介護を実施している事業所が多いのです。そこで、自立支援介護を推進するために市内事業者で自立支援介護の勉強会を実施しています。

健幸のまちづくり協議会によると、2022（令和4）年6月の勉強会には介護関係者等80人が参加。2023（令和5）年2月は市民と介護関係者が98人、同年7月は介護事業所関係者（経営者管理者等）49人、11月はケアマネジャー38人が参加。2024（令和6）年2月の勉強会には介護関係者等122人が参加しています。勉強会で実施したアンケート結果では「科学的介護・重度化防止の取り組みは必要だと思う」が約89％、「科学的介護・重度化防止に取り組んでいる、または取り組みたいと思う」が約79％、「自立支援型ケアマネジメントに取り組んでいるまたは取り組んでみたい」が約73％、「アセスメント手法を身に付けたい」が約89％という結果になりました。

また勉強会に参加した市民からは「要介護になっても介護度が改善することがわかった」という声も聞かれるなど、自立支援介護について高い評価が得られました。高石市、介護事業者、ケアマネジャーが社会保障費の抑制や削減という目標を共有し、「日本一高齢者が元気なまち」を目指したいと考えています。

# 第6章

# 2024（令和6）年度介護報酬改定は、自立支援・重度化防止の土台固め

# 1 介護保険制度の成り立ち

2024（令和6）年度の介護報酬改定の主な事項を見ていく前に、介護保険制度をおさらいします。

## 制度創設の背景

介護保険法は、2000（平成12）年度に施行されました。それ以前の高齢者は、老人福祉法（1963年度施行）、老人保健法（1982年度施行）によって支えられていました。

しかし、これらの法律や制度にはさまざまな問題点がありました。

例えば老人福祉法では、市区町村が介護サービスの種類や提供機関を決めていたために、利用者がサービスの選択をすることができませんでした。利用者の自己負担も本人と扶養義務者の収入に応じて決められたので、中高所得層には重い負担となりました。

老人保健法では、介護を理由とする一般病院への長期入院（いわゆる社会的入院）の問題や、特別養護老人ホームや介護老人保健施設に比べてコストが高く医療費が増加するなどの問題が起きました。

このように従来の老人福祉・老人医療制度による対応に限界があること、また高齢化による社会保障費の増大や核家族化がさらに進行したことなどから、介護を必要な高齢者とその家族を社会全体で支え合う仕組みとして、1997（平成9）年度に介護保険法が成立し、2000（平成12）年度から介護保険制度が導入されました。

## 介護保険制度の新たなステージ

これまでの改正では、持続可能性を確保するための見直しや、アウトカム評価の導入、地域包括ケアシステム、自立支援・重度化防止の推進等が行われてきました。特に大きな分岐点となったのが、ADL維持等加算の加算単位が10倍に引き上げられた2021（令和3）年度の介護報酬改定でした。

2021年度と2024年度の改正で、国は自立支援・重度化防止に舵を切った以上、この流れがあと戻りすることはありません。介護業界は新たなステージに入ったのです。

## 介護保険制度の主な改正の経緯

**第1期**（平成12年度～）

**平成12年4月　介護保険法施行**

**第2期**（平成15年度～）

**平成17年改正（平成18年4月等施行）**

○介護予防の重視（要支援者への給付を介護予防給付に。地域包括支援センターを創設、介護予防ケアマネジメントは地域包括支援センターが実施。介護予防事業、包括的支援事業などの地域支援事業の実施）

○小規模多機能型居宅介護等の地域密着サービスの創設、介護サービス情報の公表、負担能力をきめ細かく反映した第1号保険料の設定 など

**第3期**（平成18年度～）

**平成20年改正（平成21年5月施行）**

○介護サービス事業者の法令遵守等の業務管理体制整備。休止・廃止の事前届出制。休止・廃止時のサービス確保の義務化等

**第4期**（平成21年度～）

**平成23年改正（平成24年4月等施行）**

○地域包括ケアの推進。24時間対応の定期巡回・随時対応サービスや複合型サービスの創設。介護予防・日常生活支援総合事業の創設。介護療養病床の廃止期限の猶予（公布日）

○医療的ケアの制度化。介護職員によるたんの吸引等。有料老人ホーム等における前払金の返還に関する利用者保護

**第5期**（平成24年度～）

**平成26年改正（平成27年4月等施行）**

○地域医療介護総合確保基金の創設

○地域包括ケアシステムの構築に向けた地域支援事業の充実（在宅医療・介護連携、認知症施策の推進等）

○全国一律の予防給付（訪問介護・通所介護）を市町村が取り組む地域支援事業に移行し、多様化

○低所得の第一号被保険者の保険料の軽減割合を拡大、一定以上の所得のある利用者の自己負担引上げ（平成27年8月）等

○特別養護老人ホームの入所者を中重度者に重点化

**第6期**（平成27年度～）

**平成29年改正（平成30年4月等施行）**

○全市町村が保険者機能を発揮し、自立支援・重度化防止に向けて取り組む仕組みの制度化

○「日常的な医学管理」、「看取り・ターミナル」等の機能と「生活施設」としての機能を兼ね備えた、介護医療院の創設

○特に所得の高い層の利用者負担割合の見直し（2割→3割）、介護納付金への総報酬割の導入 など

**第7期**（平成30年度～）

**令和2年改正（令和3年4月施行（予定））**

○地域住民の複雑化・複合化した支援ニーズに対応する市町村の包括的な支援体制の構築の支援

○医療・介護のデータ基盤の整備の推進

**第8期**（令和3年度～）

出典：厚生労働省「介護保険制度の概要」（https://www.mhlw.go.jp/content/000801559.pdf）

# 2 2024年度 介護報酬改定の意味を考える

2040年問題を見据えて、2024（令和6）年度の改定に隠されたメッセージを読み取ります。

## 介護報酬は1・59％アップに

2024（令和6）年度の介護報酬改定で、介護報酬全体の改定率は1・59％引き上げられました。このうち0・98％分が介護職員の処遇改善、つまり賃上げ対応として含まれています。正味の介護サービス分については0・61％のプラス改定となります。

1・59％の引き上げ以外にも処遇改善加算の1本化や光熱水費の基準費用額の増額による介護施設の増収効果としてプラス0・45％が見込まれ、プラス2・04％相当の改定になりました。

今回は過去2番目に高い改定率となったのです。

また、従来の介護職員を対象とした処遇改善の加算が1本化となり介護職員等処遇改善加算が創設されたことで柔軟に活用できるようになりました。

賃金の加算率は訪問介護の場合、従来の処遇改善加算の最大値より2・1ポイント大きい最大24・5％まで引き上げられました。

しかし、介護報酬が全体的に引き上げとなった一方で、訪問介護の基本報酬は身体介護も生活援助も2～3％も引き下げられたのです（138ページの上図参照）。

## 基本報酬の引き下げの「なぜ」

訪問介護の基本報酬を引き下げた根拠について、厚生労働省は介護事業経営実態調査で、近年の訪問介護サービスの利益率が全介護サービスの平均を上回り、比較的安定した収支差率だったことを挙げています。同省が公表している「令和5年度介護事業経営実績調査」によると、2022（令和4）年度決算において訪問介護サービスの収支差率は7・8％でした。全介護サービスの収支差率の平均が2・4％だったことを踏まえると確かに高い数値ですが、収支差率の高さの背景には、深刻な人手不足があると考えられています。

※収支差率＝（介護サービスの収入額－介護サービスの支出額）÷介護サービスの収入額。

## 苦境に立たされる訪問介護事業

ご存じの方も多いでしょうが、訪問介護ヘルパーの2022（令和4）年度の有効求人倍率は過去最高の15・53倍でした（138ページの下図参照）。

一方、同年の平均有効求人倍率は1・31倍でしたから、介護業界、なかでも訪問介護はいかに深刻な人手不足に陥っているかを表しています。

介護業界の熾烈な競争により介護事業所は今、淘汰の嵐にさらされています。訪問介護事業所はとりわけ深刻です。東京商工リサーチによると2023（令和5）年は訪問介護事業所の倒産件数は全国で67件あり過去最多を更新。ヘルパー不足や物価高に加えて、小・零細事業者が多い訪問介護事業所では大手企業との競合も大きく影響したと分析しています。

## 改定に隠れたメッセージとは

訪問介護事業所だけでなく、通所・短期入所介護事業所の倒産件数も増加。今回の介護報酬改定ではプラス1・59％ですが、実質はデイサービスもほぼプラス・マイナスゼロであり、処遇改善加算の部分を除けば、実質はマイナスです。

日本の介護は「お世話型」が中心で、特に訪問介護は「身体介護」「生活援助」と身の回りのお世話を中心とするサービスです。介護保険サービスは基本的に1割の自己負担で利用できるため、アジア諸国などからは日本のホームヘルパーは「9割引きのお手伝いさん」などと揶揄されることがあるくらいです。

厚生労働省は、2024（令和6）年度の介護報酬改定は、介護事業経営実態調査の結果を基に行ったという見解を示しています。

しかし「訪問介護はマイナス」「デイサービスも実質マイナス」である意味を私たち介護業界の関係者は考える必要があると思います。

日本の少子高齢化は加速度的に進んでおり、医療・介護費など社会保障に関する給付と負担はバランスを欠いた状態が広がっています。高齢者人口の割合の最大化と生産年齢人口の急速な減少が同時進行で起こる2040（令和22）年を見据えて在宅サービスは変わらないといけない――2024（令和6）年度の介護報酬改定の内容を見ると厚生労働省は「お世話型だけの介護でよいのか。介護の在り方を見直すときがきたのではないか」というメッセージを出しているように筆者は思えてなりません。

## 2024年度 訪問介護基本報酬

| | | 改定前 | 改定後 |
|---|---|---|---|
| 身体介護 | 20分未満 | 167単位 | 163単位 |
| | 20分以上30分未満 | 250単位 | 244単位 |
| | 30分以上１時間未満 | 396単位 | 387単位 |
| | １時間以上１時間30分未満 | 579単位 | 567単位 |
| | １時間30分以降、<br>30分を増すごとに算定 | 84単位 | 82単位 |
| 生活援助 | 20分以上45分未満 | 183単位 | 179単位 |
| | 45分以上 | 225単位 | 220単位 |
| | 身体介護に引き続き<br>生活援助を行った場合 | 67単位 | 65単位<br>※25分ごと。上限195単位 |
| 通院等乗降介助 | | 99単位 | 97単位 |

出典：厚生労働省「令和６年度介護報酬改定における改定事項について」
（https://www.mhlw.go.jp/content/12300000/001213182.pdf）を基に筆者作成

## 訪問介護職員の人手不足の現状

（１）サービス職員の有効求人倍率

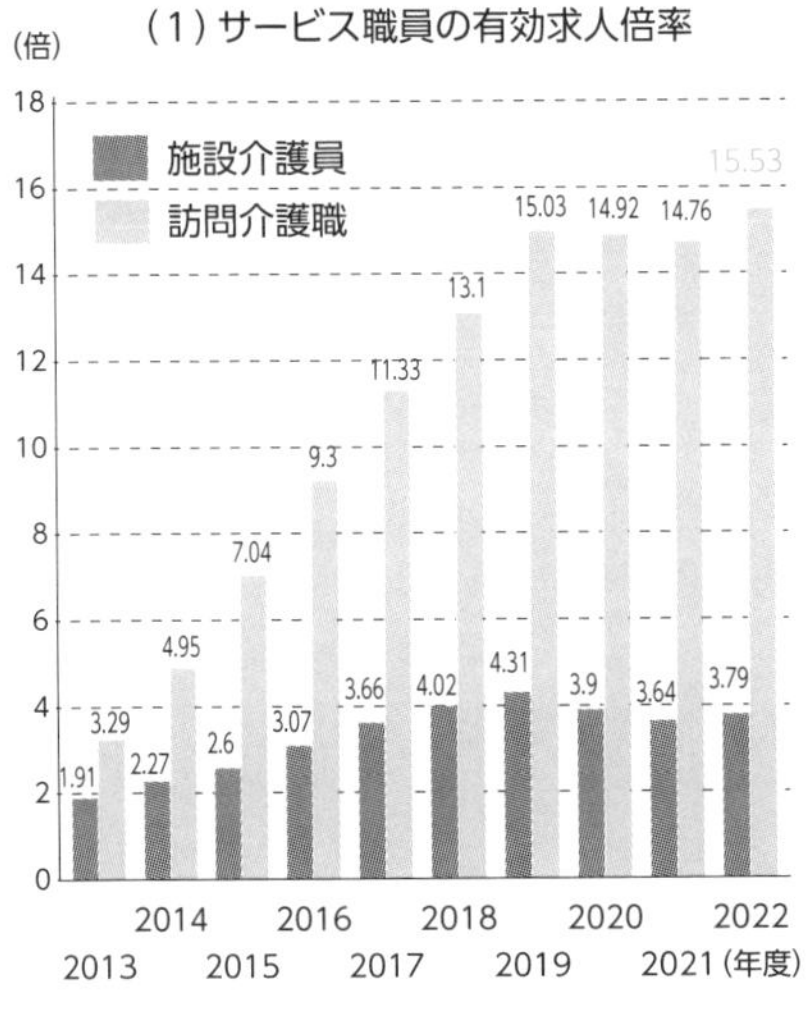


（２）介護職員の職種別の人手不足感
（人手が不足している事業所の割合）

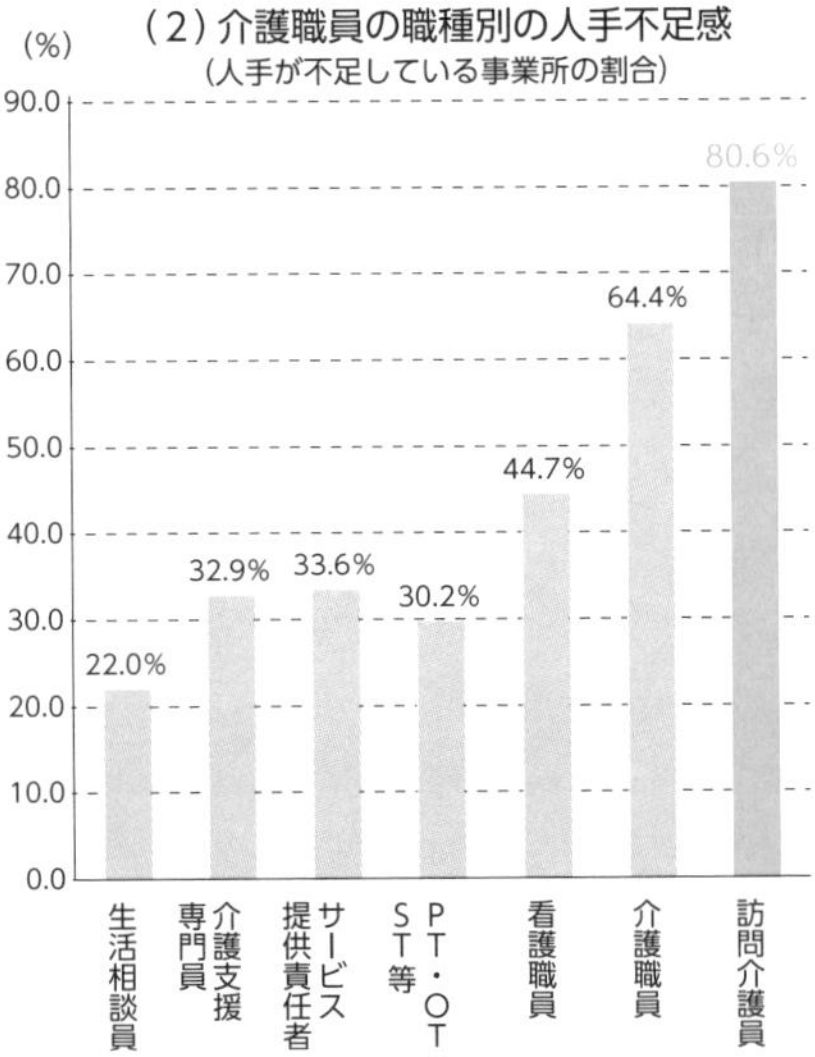


資料出所：
（１）厚生労働省「職業安定業務統計」をもとに厚生労働省老健局認知症施策・地域介護推進課にて作成。
（注１）パートタイムを含む常用の値。
（注２）平成23年改定「厚生労働省編職業分類」に基づく、以下の職業分類区分の合計。施設介護員：「361 施設介護員」、訪問介護職：「362 訪問介護職」。
（注３）有効求人倍率を算出するための求職者の数値について、集計上、一部の小分類において実態より値が小さくなることがあり、留意が必要。
（２）（公財）介護労働安定センター「令和３年度介護労働実態調査」からデータを抜粋して作成。

出典：厚生労働省「訪問介護」（https://www.mhlw.go.jp/content/12300000/001123917.pdf）

# 3 介護報酬改定の4つのポイント

2024（令和6）年度の介護報酬改定でどう変わっていくのか、具体的に見ていきましょう。

## 基本的な4つの視点

2024（令和6）年度の介護報酬改定の背景にあるのは、深刻な少子高齢化です。介護保険は高齢者の急増で介護サービスへの需要が高まる一方で、介護人材不足と財源不足が危機的な状況です。そうした現状を踏まえ、2024（令和6）年度は次の4つを基本的な視点として改定されました。

**①地域包括ケアシステムの深化・推進**

認知症の方や単身高齢者、医療ニーズが高い中重度の高齢者を含め、質の高いケアマネジメントや必要なサービスが切れ目なく提供されるよう、地域の実情に応じた柔軟かつ効率的な取り組みが推進されます。

**②自立支援・重度化防止に向けた対応**

高齢者の自立支援・重度化防止という制度の趣旨に沿い、多職種連携やデータの活用等が推進されます。

**③良質な介護サービスの効率的な提供に向けた働きやすい職場づくり**

介護人材不足の中で、さらなる介護サービスの質の向上を図るため、処遇改善や生産性向上による職場環境の改善に向けた先進的な取り組みが推進されます。

**④制度の安定性・持続可能性の確保**

介護保険制度の安定性・持続可能性を高め、すべての世代にとって安心できる制度が構築されます。

これら4つのポイントについて、次から順にご説明していきます。

また、本書では割愛しましたが、⑤その他として、次の4項目も介護報酬改定の概要に示されています。

- 「書面掲示」規制の見直し
- 通所系サービスにおける送迎に係る取扱いの明確化
- 基準費用額（居住費）の見直し
- 地域区分

POINT 1

# 地域包括ケアシステムの深化・推進

2025（令和7）年問題の解決と、またその先にある2040（令和22）年問題を見据えて、国が構築しようとしているのは地域包括ケアシステムです。

国は「介護を必要とする人が住み慣れた地域において尊厳を保持しつつ、質の高い公正中立なケアマネジメントや必要なサービスが切れ目なく提供されるよう、柔軟かつ効率良い取り組み」を目指しています。

「医療・介護・障害サービスの連携をより一層進める」といった視点も含めて、今回は主に以下の内容が改定されました。

## 1-1 質の高い公正中立なケアマネジメント

居宅介護支援における特定事業所に対する加算の見直し（142ページの図参照）、居宅介護支援事業者が市町村から指定を受けて介護予防支援を行う場合の要件などが見直されました（143ページの上図参照）。また、地域内のほかのサービス事業所と連携して、情報通信機器を活用したモニタリングを可能とします。

## 1-2 地域の実情に応じた柔軟かつ効率的な取り組み

訪問介護における特定事業所加算や、総合的なケアマネジメントを行う事業所に対する加算の見直しなどが行われました。

その他、豪雪地帯等において急な気象状況の悪化等があった場合の通所介護費等の所要時間の取扱いの明確化、通所リハビリテーションにおける機能訓練事業所の共生型サービス、基準該当サービスの提供などが拡充されます。

## 1-3 医療と介護の連携の推進

在宅における医療ニーズを強化するとともに、在宅における医療と介護の連携を強化します。在宅における医療と介護との連携強化は、高齢者施設等においても同様です。

その他、専門性の高い看護師による訪問看護の評価や総合医学管理加算の見直し、また、医療機関のリハビリテーション計画書の受け取りの義務化や、退院後早期のリハビリテーション実施に向けて退院共同指導加算が新設されました。

## 1-4 看取りへの対応強化

訪問入浴介護における看取り対応体制の評価として、看取り連携体制加算が新設されました。ショートステイにおいても同様に、新たに看取り連携体制加算が設けられました。

また、居宅介護支援におけるターミナルケアマネジメント加算、介護老人保健施設におけるターミナルケア加算の見直しも行われています。

## 1-5 感染症や災害への対応力向上

高齢者施設等については、施設内で感染者が発生した場合、医療機関と連携して施設内で感染者の療養を行うことや、ほかの入所者等への感染拡大防止から、一定の要件を満たした場合、新たに高齢者施設等感染対策向上加算が受けられます。

一方で感染症や災害の発生時に継続的にサービス提供できる体制を構築するため、業務継続計画（ＢＣＰ）が未策定の際は基本報酬が減算される、業務継続計画未策定減算が新設されました。

## 1-6 高齢者虐待防止の推進

介護職の高齢者に対する虐待を防止する措置をとっていない施設・事業所には、基本報酬を引き下げる高齢者虐待防止措置未実施減算が新設されました（143ページの下図参照）。居宅療養管理指導と特定福祉用具販売を除き、すべてのサービスが対象です。

## 1-7 認知症の対応力向上

（看護）小規模多機能型居宅介護において、認知症対応力のさらなる強化を図る観点から、認知症加算の新たな区分が追加されました。

また、認知症対応型共同生活介護、介護保険施設において認知症の行動・心理症状（ＢＰＳＤ）の発現防止や出現時の早期対応を目的にするために、認知症チームケア推進加算が新設されました。

## ①-8 福祉用具貸与・特定福祉用具販売の見直し

利用者負担を軽減し、制度の持続可能性の確保を目的に一部の福祉用具について、貸与と販売の選択制を導入します。

利用者への十分な説明と多職種の意見や利用者の身体状況等を踏まえた提案などを行うことが義務化されました。

### 居宅介護支援における特定事務所加算の見直し

| | 改定前 |
|---|---|
| 特定事業所加算Ⅰ | 505単位 |
| 特定事業所加算Ⅱ | 407単位 |
| 特定事業所加算Ⅲ | 309単位 |
| 特定事業所加算A | 100単位 |

→

| | 改定後（変更） |
|---|---|
| 特定事業所加算Ⅰ | 519単位 |
| 特定事業所加算Ⅱ | 421単位 |
| 特定事業所加算Ⅲ | 323単位 |
| 特定事業所加算A | 114単位 |

#### 算定要件等

ア．多様化・複雑化する課題に対応するための取り組みを促進する観点から、「ヤングケアラー、障害者、生活困窮者、難病患者等、他制度に関する知識等に関する事例検討会、研修等に参加していること」を要件とするとともに、評価の充実を行う。

イ．（主任）介護支援専門員の専任要件について、居宅介護支援事業者が介護予防支援の提供や地域包括支援センターの委託を受けて総合相談支援事業を行う場合は、これらの事業との兼務が可能である旨を明確化する。

ウ．事業所における毎月の確認作業等の手間を軽減する観点から、運営基準減算に係る要件を削除する。

エ．介護支援専門員が取り扱う１人当たりの利用者数について、居宅介護支援費の見直しを踏まえた対応を行う。

出典：厚生労働省「令和６年度介護報酬改定の主な事項について」
（https://www.mhlw.go.jp/content/12300000/001195261.pdf）を基に筆者作成

## 居宅介護支援事業者が市町村から指定を受けて介護予防支援を行う場合の取扱いイメージ

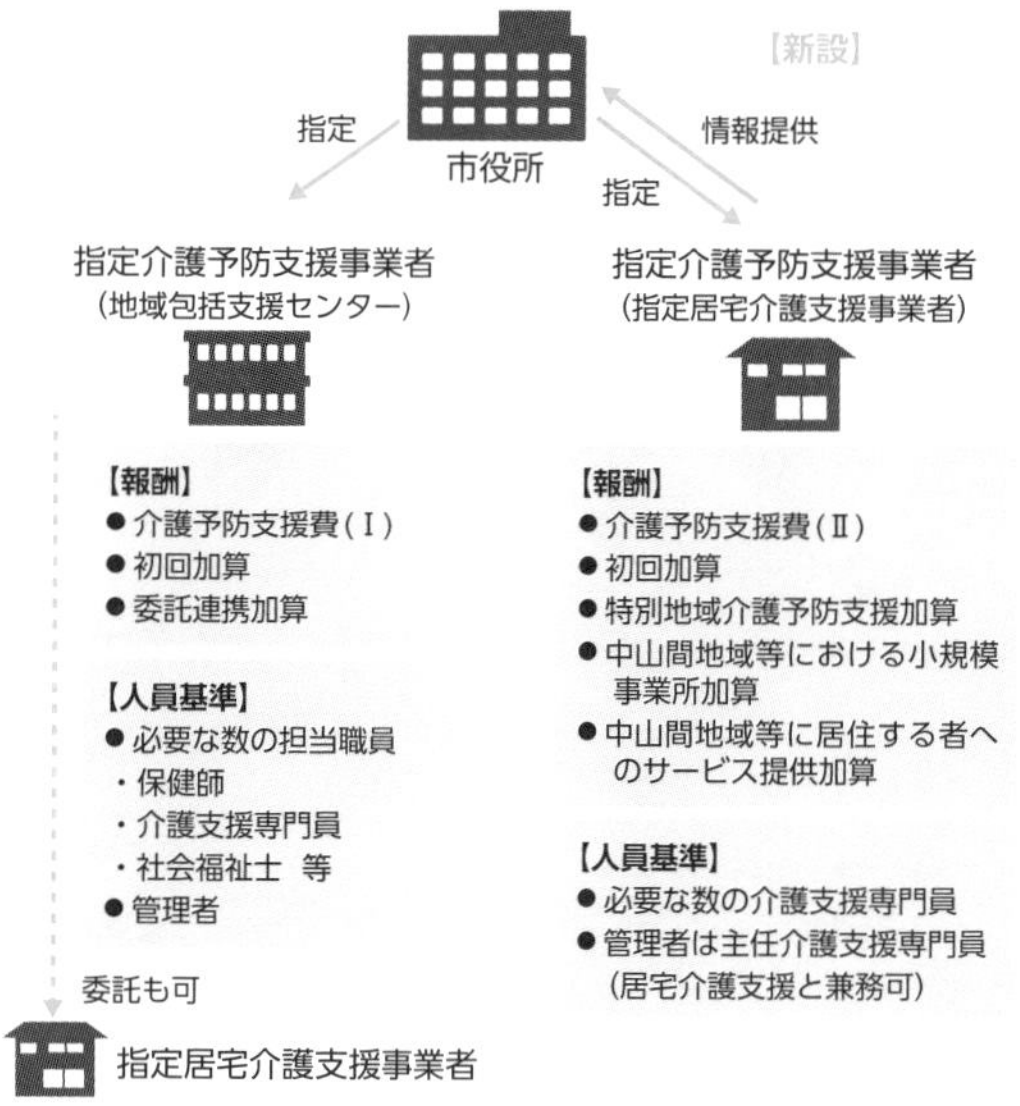


見直しの一番大きなポイントは、今までの介護予防ケアプランは地域包括支援センターや地域包括支援センターから委託を受けた居宅介護支援事業所が作成していたが、指定を受けていれば居宅介護支援事業所が直接ケアプランを作成できるようになったこと。これにより要介護者と同様にケアマネジメントができるようになった。

## 高齢者虐待防止の推進が義務化

### 算定要件等

＜算定要件等＞

● 虐待の発生又はその再発を防止するための以下の措置が講じられていない場合（新設）

・虐待の防止のための対策を検討する委員会（テレビ電話装置等の活用可能）を定期的に開催するとともに、その結果について、従業者に周知徹底を図ること

・虐待の防止のための指針を整備すること

・従業者に対し、虐待の防止のための研修を定期的に実施すること

・上記措置を適切に実施するための担当者を置くこと

### 未実施の場合

高齢者虐待防止措置未実施減算、所定単位数の100分の1に相当する単位数を減算（新設）

※上記は身体拘束にも重なる部分が多いため、「身体拘束及び高齢者虐待防止に関する指針」として、一体的に整備してもよい。

出典：上下とも厚生労働省「令和6年度介護報酬改定における改定事項について」（https://public-comment.e-gov.go.jp/servlet/PcmFileDownload?seqNo=0000267331）を基に筆者作成

POINT 2

# 自立支援・重度化防止に向けた対応

自立支援・重度化防止に向けた対応では、2021（令和3）年度の介護報酬改定に引き続き、多職種連携やアウトカム評価の拡充、科学的介護の推進を行うことが明記されました。

また、リハビリテーション・機能訓練と口腔、栄養管理の一体的な取り組みや、かかりつけ医連携薬剤調剤加算の見直しといったポリファーマシー（多剤服用による弊害）への対応等が評価されるようになりました。自立支援介護ではまさに、口腔管理や栄養管理、また不要な薬剤を廃止してポリファーマシーを解消することに取り組むことが重要なのです。

主な改定内容は、次のとおりです。

## ②-1 リハビリテーション・機能訓練、口腔、栄養の一体的取り組み等

リハビリテーションマネジメント加算とは、利用者の状態や生活環境等に合わせて、適切なリハビリテーションの実施や評価、計画の見直しを行い、質の高いリハビリテーションを実施している事業所を評価する加算です。

今回の改定では、要介護高齢者の自立支援・重度化防止に向けて、リハビリテーション、口腔、栄養管理を一体化して推進することが重要であるため、通所リハビリテーションにおけるリハビリテーションマネジメント加算に、新たな区分が設けられました。

なお、リハビリテーションの効果は、利用者の栄養状態に大きく左右されます。栄養状態改善のためには口腔管理が欠かせないことから、訪問系・短期入所系サービスでは新たに口腔連携強化加算に50単位/回が設けられて、報酬面からもリハビリテーション、口腔、栄養管理の一体的な取り組みが推進されます。

従来、通所リハビリテーションの基本報酬は事業規模別に3段階に分かれていましたが、今回は2段階に統合されました。

大規模の通所リハビリテーションでも質の高いリハビリテーションを実施

すれば通常型の高い基本単位数が算定可能になり、リハビリテーションマネジメントを実施する体制等が充実している事業所は評価されます。

　変更、見直しはこれ以外にもあります。例えば、居宅療養管理指導における管理栄養士及び歯科衛生士等の通所サービス利用者に対する介入の充実、介護保険施設等の退所者の栄養管理に関する情報連携の促進なども改定されました。

### ②-2 自立支援・重度化防止に係る取り組みの推進

　今回は、入浴介助技術の向上や利用者の自立した入浴の取り組みを促進する観点から、通所介護等における入浴介助加算の算定要件の見直しが行われました。

　また、介護老人保健施設における在宅復帰・在宅療養支援等評価指標及び要件についても見直しがされました。施設におけるポリファーマシー解消推進のため、かかりつけ医連携薬剤調整加算の変更も行われました。

### ②-3 LIFEを活用した質の高い介護

　現場の入力負担を軽減し、科学的介護を推進する観点から、科学的介護推進体制加算についてはLIFEへのデータ提出頻度が、少なくとも「3か月に1回」に見直しされ、同一の利用者に複数の加算を算定する場合には、一定条件下でデータ提出のタイミングを統一できるようになりました。

　自立支援促進加算については、単位数や、LIFEへのデータ提出頻度、初回データ提出時期について見直しが行われました。具体的な単位数では、300単位／月から、280単位／月（介護老人保健施設は300単位／月）に変更されました。

　事務負担の軽減を目的に医学的評価の頻度については、支援計画の見直しや、LIFEデータ提出の頻度と合わせて、少なくとも「3か月に1回」に見直すことになりました。その他、LIFE関連加算に共通した見直しも実施されました。

　介護の質の向上及び自立支援・重度化防止に向けた取り組みをより一層推進する観点から、ADL維持等加算、排せつ支援加算、褥瘡マネジメント加算の見直しが行われました。特に大きな見直しとしては、これまでADL維持等加算（Ⅱ）のADL利得の単位が2以上であったものが3以上となり、アウトカム評価がさらに充実されました。

## 訪問・通所リハビリテーションのリハビリテーション計画書受け取りの義務化

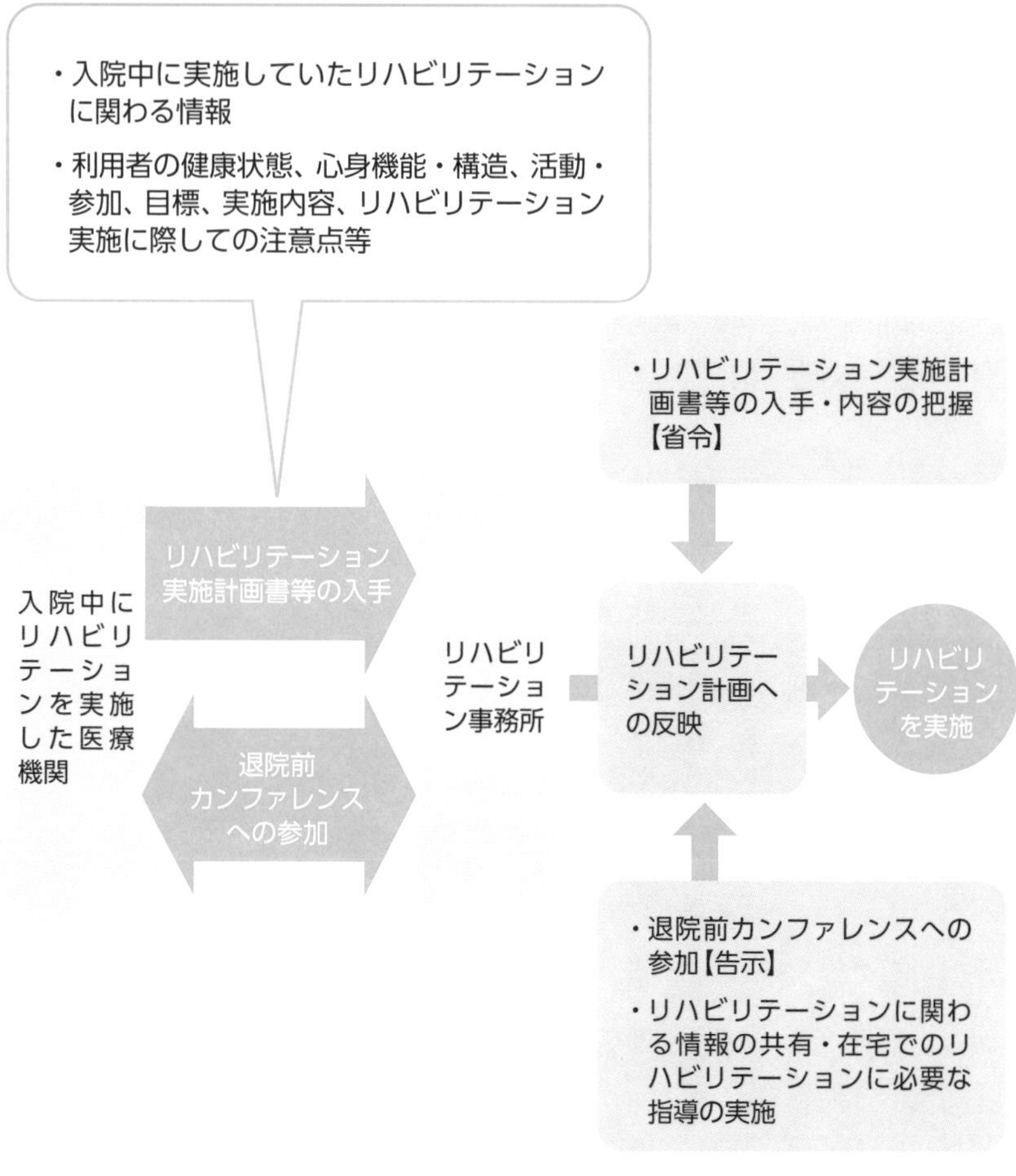


### 退院時共同指導加算

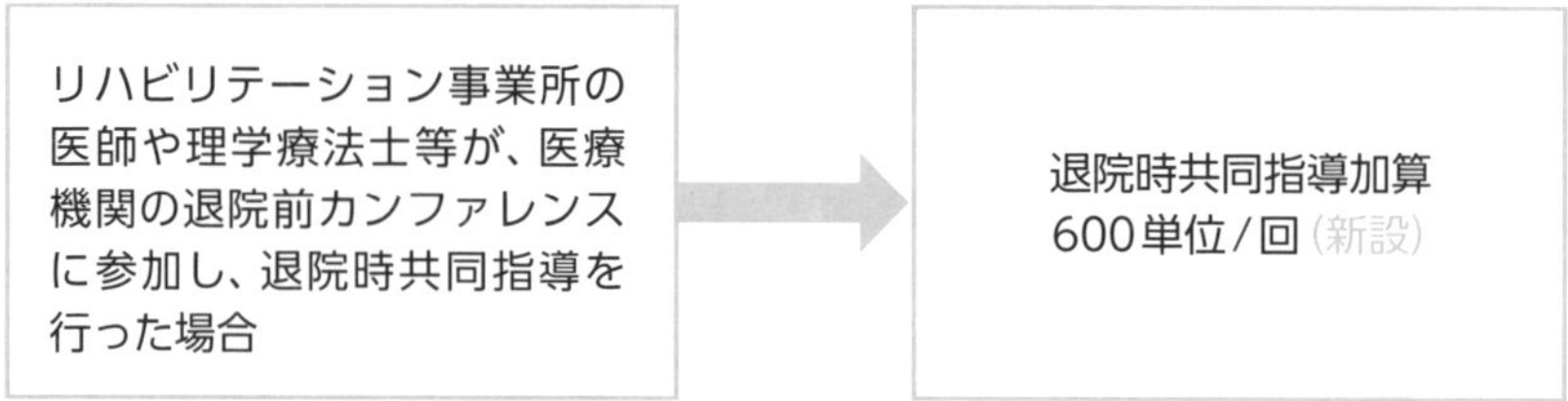


出典：厚生労働省「令和6年度介護報酬改定の主な事項について」
（https://www.mhlw.go.jp/content/12300000/001195261.pdf）を基に筆者作成

POINT 3

# 良質な介護サービスの効率的な提供に向けた働きやすい職場づくり

介護人材の確保や生産性の向上への対応として、介護職員の処遇改善や介護職員のやりがい、定着にもつながる職場環境の改善に向けた取り組みの推進、また柔軟な働き方やサービス提供の推進に資する取り組みも必要であるという視点から、以下が見直されました。

## ③-1 介護職員の処遇改善

介護現場で働く方にとって2024（令和6）年度に2・5%、2025（令和7）年度に2・0%のベースアップへと確実につながるように加算率の引き上げが行われました。

また、事業者の事務負担軽減や柔軟な事業運営を可能とし、利用料金の自己負担分が増える利用者にとっても理解が得やすい制度にするために、介護職員処遇改善加算、介護職員等特定処遇改善加算、介護職員等ベースアップ等支援加算の3制度を統合し1本化が行われました。

今後は4段階で構成された介護職員等処遇改善加算になります。処遇改善加算が1本に統合されたために、算定要件が見直されて加算算定がしやすくなりました（149ページの図参照）。

また処遇改善の1本化により、介護職員の安定的な確保と、さらなる資質向上が期待されます。

## ③-2 生産性の向上等を通じた働きやすい職場環境づくり

超高齢社会が急速に進み人材不足が深刻化している日本において、業務をIT化・ICT化することによって生産性を上げることは重要課題です。介護現場においても、職員の業務負担を軽減し、人材の定着を促進する観点からIT化・ICT化は必須であり、待ったなしの状態です。

2024（令和6）年の改定では、介護ロボットやICT等のテクノロジーの活用促進を目的として、生産性向上推進体制加算が新たに設けられました。

生産性向上推進体制加算は、(Ⅱ)の要件を満たした上で、さらに一歩進んだ取り組みを実施することで算定される仕組みとなっています。

その他、主に次の事柄で改定、見直しが行われています。

- テレワークの取扱い
- 生産性向上に先進的に取り組む特定施設における、人員配置基準の特例的な柔軟化（介護サービスの質の確保及び職員の負担軽減が行われていると認められる特定施設についての見直し等）
- 人員配置基準における両立支援への配置（常勤換算の計算に当たり、職員が育児・介護休業法等による育児・介護等の短時間勤務制度を利用する場合に加え、「治療と仕事の両立ガイドライン」に沿って事業者が設ける短時間勤務制度等を利用する場合にも週30時間以上の勤務で常勤として扱うことを認める）
- 外国人介護人材に係る、人員配置基準上の取扱いの見直し
- 通所介護、地域密着型通所介護における個別機能訓練加算の人員配置要件の緩和及び評価の見直し

## ③-3 効率的なサービス提供の推進

居宅介護支援の介護支援専門員の1人当たりの取扱い件数等、居宅介護支援費の見直しが行われました。

また、全サービスにおいて管理者の責務を明確化した上で、その責務を果たせる場合であれば、兼務できる事務所の範囲が同一敷地内でなくても差し支えなくなりました。

その他、主なものとして次のような改定や見直しが行われました。

- 訪問看護等における24時間対応体制の充実
- 訪問看護における24時間対応のニーズに対する即応体制の確保
- 退院時共同指導の指導内容の提供方法の柔軟化
- 居宅療養管理指導の薬剤師による情報通信機器を用いた服薬指導の評価の見直し
- 施設系・短期入所系サービスのユニット間の勤務体制に係る取扱いの明確化
- 随時対応サービスの集約化できる範囲の見直し

- （看護）小規模多機能型居宅介護における管理者の配置基準の見直し
- 居宅介護支援公正中立性の確保のための取り組みの見直し
- 小規模介護老人福祉施設の配置基準の見直し

### 1本化された新加算「介護職員等処遇改善加算」（訪問介護の例）

| 改定前 | |
|---|---|
| 介護職員処遇改善加算（Ⅰ） | 13.7% |
| 介護職員処遇改善加算（Ⅱ） | 10.0% |
| 介護職員処遇改善加算（Ⅲ） | 5.5% |
| 介護職員等特定処遇改善加算（Ⅰ） | 6.3% |
| 介護職員等特定処遇改善加算（Ⅱ） | 4.2% |
| 介護職員等ベースアップ等特支援加算 | 2.4% |

| 改定後（変更） | |
|---|---|
| 介護職員処遇改善加算（Ⅰ） | 24.5%（新設） |
| 介護職員処遇改善加算（Ⅱ） | 22.4%（新設） |
| 介護職員処遇改善加算（Ⅲ） | 18.2%（新設） |
| 介護職員処遇改善加算（Ⅳ） | 14.5%（新設） |

- 加算率はサービスごとの介護職員の常勤換算職員数に基づき設定しており、上記は訪問介護の例。処遇改善加算を除く加減算後の総報酬単位数に上記の加算率を乗じる
- 上記の訪問介護の場合、改定前の３加算の取得状況に基づく加算率と比べて、改定後の加算率は2.1%ポイント引き上げられている
- なお、経過措置区分として、2024（令和6）年度末まで介護職員等処遇改善加算（Ⅴ）(1)～(14)を設け、改定前の３加算の取得状況に基づく加算率を維持した上で、今般の改定による加算率の引き上げを受けることができるようにする

参考資料：厚生労働省「令和6年度介護報酬改定における改定事項について」
（https://www.mhlw.go.jp/content/12300000/001213182.pdf）

POINT 4

# 制度の安定性・持続可能性の確保

介護保険制度の安定性と持続可能性を確保し、全世代が安心して利用できる制度の構築を目指しています。既存制度や報酬について主な改定内容は、次のとおりです。

### ④-1 評価の適正化・重点化

訪問介護における同一建物減算について、報酬の適正化を目的に見直しが行われました。

また、短期入所生活介護・介護予防短期入所生活介護における長期利用について、長期利用の適正化を行い、サービスの目的に応じた適切な利用を促す観点から、報酬単位の見直しが行われました。

### ④-2 報酬の整理・簡素化

定期巡回・随時対応型訪問介護看護の基本報酬に、夜間対応型訪問介護の利用者負担を考慮した新たな区分が設けられました。また、介護予防通所リハビリテーションにおいて運動器機能向上加算が廃止されて、基本報酬への包括化が行われます。

その他、介護老人保健施設の認知症情報提供加算・地域連携診療計画情報提供加算、介護医療院の長期療養生活移行加算が廃止されます。また経過的小規模介護老人福祉施設等の範囲についての見直しがありました。

＊＊＊

### 次の改定までの3年間が勝負

介護報酬が改定されると、ついその中身にばかり関心がいきがちです。しかし、国は介護保険法の改正で私たち介護事業者にどのようなメッセージを出しているのか、5年後、10年後、15年後には介護業界がどのようになっているのかをイメージしながら、次の改正に向けて準備、活動していくことが非常に重要です。介護業界は今、倒産件数が過去最多ペースであり、M&Aによる再編成は活発化、多様化しています。こうした厳しい状況下、介護業界で勝ち残っていくには次期改定までの3年間が勝負です。

## 本書内容に関するお問い合わせについて

このたびは翔泳社の書籍をお買い上げいただき、誠にありがとうございます。弊社では、読者の皆様からのお問い合わせに適切に対応させていただくため、以下のガイドラインへのご協力をお願い致しております。下記項目をお読みいただき、手順に従ってお問い合わせください。

●ご質問される前に

弊社Webサイトの「正誤表」をご参照ください。これまでに判明した正誤や追加情報を掲載しています。

正誤表　https://www.shoeisha.co.jp/book/errata/

●ご質問方法

弊社Webサイトの「書籍に関するお問い合わせ」をご利用ください。

書籍に関するお問い合わせ　https://www.shoeisha.co.jp/book/qa/

インターネットをご利用でない場合は、FAXまたは郵便にて、下記“翔泳社 愛読者サービスセンター”までお問い合わせください。電話でのご質問は、お受けしておりません。

●回答について

回答は、ご質問いただいた手段によってご返事申し上げます。ご質問の内容によっては、回答に数日ないしはそれ以上の期間を要する場合があります。

●ご質問に際してのご注意

本書の対象を超えるもの、記述個所を特定されないもの、また読者固有の環境に起因するご質問等にはお答えできませんので、あらかじめご了承ください。

●郵便物送付先およびFAX番号

送付先住所　〒160-0006　東京都新宿区舟町5
FAX番号　03-5362-3818
宛先　（株）翔泳社 愛読者サービスセンター

※本書に記載されたURL等は予告なく変更される場合があります。
※本書の記載内容は、2024年6月現在の法令等に基づいています。
※本書の出版にあたっては正確な記述につとめましたが、著者や出版社などのいずれも、本書の内容に対してなんらかの保証をするものではなく、内容やサンプルに基づくいかなる運用結果に関してもいっさいの責任を負いません。
※本書に記載されている会社名、製品名はそれぞれ各社の商標および登録商標です。

## 著者紹介

**森 剛士**（もり・つよし）

自立支援特化型デイサービス、株式会社 ポラリス代表取締役。
外科医、リハビリ医を経て、高齢者・慢性期リハビリテーション専門のクリニックを兵庫県宝塚市に開設。地域密着型の社会貢献事業を目指して、自立支援介護に特化したデイサービスを国内74か所（2024年6月現在）に展開する。一般社団法人 日本自立支援介護・パワーリハ学会理事、一般社団法人 日本デイサービス協会理事長、一般社団法人 日本ケアテック協会常務理事。著書に『これならわかる〈スッキリ図解〉LIFE 科学的介護情報システム』（共著、翔泳社、2023）。

協力　株式会社 ポラリス

| | |
|---|---|
| 執筆協力 | 中出 三重（株式会社 エム・シー・プレス） |
| 装丁 | 河南 祐介（FANTAGRAPH） |
| カバーイラスト | ながの まみ |
| DTP | 株式会社 シンクス |

# これならわかる＜スッキリ図解＞自立支援介護

2024年7月30日　初版第1刷発行

| | |
|---|---|
| 著者 | 森 剛士 |
| 発行人 | 佐々木 幹夫 |
| 発行所 | 株式会社 翔泳社（https://www.shoeisha.co.jp） |
| 印刷・製本 | 株式会社 ワコー |



本書へのお問い合わせについては、151ページに記載の内容をお読みください。

造本には細心の注意を払っておりますが、万一、乱丁（ページの順序違い）や落丁（ページの抜け）がございましたら、お取り替えいたします。03-5362-3705までご連絡ください。

ISBN978-4-7981-8291-9　Printed in Japan